WAC BUNKO

ウクライナ紛争

歴史は繰り返す

戦争と革命を仕組んだのは誰だ

馬渕睦夫

WAC

まえがき　歴史は再び繰り返す

２０２２年2月24日のロシアによるウクライナ侵攻を以って世界は激変しました。まるでロシアのプーチン大統領は悪の権化《ごんげ》、ウクライナは哀れな子羊、世界はプーチンを非難しウクライナを支援すべし、そうでなければ民主主義国ではない等々の世界規模の洗脳が進行しています。どこかで見た光景です。

実は第二次世界大戦の前にナチス・ヒトラーが世界侵略を企てているとの根拠なき誹謗《ひぼう》中傷《ちゅうしょう》が欧米のメディアで連日のごとく繰り返されていました。米国のルーズベルト大統領や英国の有力政治家チャーチル（１９３９年のナチスのポーランド侵攻後に首相就任）などはヒトラーとの戦争は避けられないと決めつけて、折から行われていたドイツとポーランドとの交渉においてポーランドが決してドイツと妥協せず戦争するように執拗に働きかけていたのです。

ヒトラーはベルサイユ条約によって不当に奪われたドイツ領の回復を目指していました。

武装が禁じられていたラインラントへの進軍から始まって、同じドイツ民族国家であるオーストリアとの合併、チェコ・スロバキアのドイツ系住民の居住地域であるズデーテン地方の併合などを経て、最後の領土回復要求であるポーランドとの交渉に臨んでいました。

ヒトラーの要求は極めて寛大でした。実質的な領土回復要求はバルト海に臨む港湾都市ダンチヒの返還のみでした。住民の9割がドイツ人であるダンチヒはポーランドに使用権がありましたが、国際連盟の管理下にあった国際都市です。その他は、ドイツからポーランドに割譲されたポーランド回廊におけるハイウエーと鉄道の建設でした。ドイツの飛び地である東プロシャとドイツ本土の間に位置する回廊における両者を結ぶ輸送路の建設で、ポーランド回廊のドイツへの返還ではなかったのです。

この寛大な要求をポーランドが呑めないはずはありません。しかし、ポーランドは最後まで妥協しなかったのです。それには訳がありました。英仏がポーランドの安全を保障していたのです。つまり、ポーランドがヒトラーから侵略されれば、英仏はポーランド側に立ってヒトラーと戦うといういわば白紙委任状でした。ポーランドは英米による独立保証を基に、ヒトラーに対し不相応な強硬姿勢を取ったのです。英仏に加えてアメリカのルーズベルト大統領からも強力な応援がありました。

ルーズベルトもヒトラーとの戦争を決めていました。イギリスのチェンバレン首相の頭越しに、強硬な反ヒトラー主義者であるチャーチルと接触して戦争熱を煽《あお》らせるとともに、チェンバレンからの和平へ向けてのルーズベルトの介入要請を拒否し続けました。ルーズベルトの特使であるブリット駐仏大使はルーズベルトの直々の指示に基づき、アメリカは必ずポーランドを支援するのでドイツと戦争するようポーランド政府に執拗に迫りました。アメリカの強い援軍を得て、ポーランドはドイツを不必要に刺激する挑発行動を取りました。ポーランド回廊のドイツ系住民の迫害・虐殺です。1939年9月1日のドイツによるポーランド侵攻の直前には、約6万人のドイツ系住民がポーランド軍などによって惨殺されました。ヒトラーにポーランド侵攻決断の最後の一押しになったのが、ドイツ人の虐殺だったのです。自国民保護という国際法上の大義名分でした。

ドイツのポーランド侵攻の2週間後には、独ソ不可侵条約秘密議定書（1939年8月23日締結）に従い、スターリンのソ連がポーランドに侵攻し東半分を占領しました。ところが、ドイツには宣戦布告した英仏は何故かソ連には宣戦布告しませんでした。ポーランドの独立を保証していたにもかかわらずです。この歴史の謎は究明されてしかるべきでしょう。

ドイツのポーランド侵攻から80年に当たる2019年9月19日、EUの欧州議会は「欧州の未来に向けた重要な欧州の記憶」という決議を採択しました。この決議の歴史的意義は、「第二次世界大戦が勃発した原因は独ソ不可侵条約とその議定書である」と断定したことです。つまり、第二次大戦の戦犯はヒトラーだけでなくスターリンも同罪だと認定したのです。80年かけてようやくヒトラー単独巨悪説の一角が崩れた決議と言えます。

以上を纏《まと》めると、ルーズベルトとチャーチルは全面的支援をちらつかせながら、ポーランドに嗾《けしか》けてヒトラーと戦争させました。以後のポーランドの歴史を見れば歴然としていますが、ポーランドは国を失ったばかりか、戦後は共産主義政権の下で45年間も塗炭《とたん》の苦しみにあえぐ結果となってしまいました。一言で言えば、裏で戦争を企んだ勢力の甘言《かんげん》に騙されると結局犠牲者になってしまうという歴史の教訓です。

「歴史の教訓」に学べ

さて、この故事を現在のロシア・ウクライナ紛争に当てはめてみると、興味深い現実が浮かび上がってきます。もちろん、ヒトラーとプーチンを同列に論じることは間違いですが、この紛争の現象に注目すれば、歴史は繰り返すと言えそうなのです。ロシアをドイツに、ポーランドをウクライナに置き換えると、今回の紛争でロシアはウクライナへ侵攻せざるを得ないように挑発されたことになります。しかも、その原因が東部ウクライナで迫害・虐殺されていたロシア系住民の保護であるとするなら、ヒトラーがポーランドに侵攻した直接の原因と同じ自国民の保護です。ポーランドは英仏や米国の後ろ盾を得て盛んにドイツを挑発しましたが、ウクライナもネオコン勢力の力を背景にロシアを挑発し続けたわけです。温厚で素朴なウクライナ国民が最終的な犠牲者にならないように、ウクライナ政府は歴史の教訓に学んで欲しいと思います。

本書では、今回のロシアのウクライナ侵攻の背景を理解するため、紛争の背後にいた勢力について歴史的視点から序章で詳細に論じました。実はその同じ勢力が日本を挑発して1941年の真珠湾攻撃に至らしめたのです。本書では、その勢力とは「アメリカ政府に巣くっていた社会主義者」であることを解明しました。今、プーチン大統領は世界の悪者にされていますが、かつてわが国も世界に害毒を齎《もたら》す国として「隔離されなければならない」とルーズベルト大統領から難詰されたことは、記憶に新しいところです。彼らの戦術は同じパターンです。読者の皆様には本書で取り上げた日米戦争の真因を理解していただくことによって、現在の世界の支配構造を見抜いていただきたいと切に願っています。2015年にKKベストセラーズから発刊された拙著『アメリカの社会主義者が日米戦争を仕組んだ』を改訂してワックから緊急出版した所以です。

本書が出版に至ったのはワックの「書籍」編集部編集長の仙頭寿顕氏の適切なアドバイスとご尽力のたまものです。ここに、記して感謝申し上げます。

令和4年4月吉日

馬渕睦夫

※本書の引用部分につきまして、原文の記述を損なわない範囲で一部要約した箇所があります。
※敬称につきまして、一部省略いたしました。役職は当時のものです。

ウクライナ紛争

歴史は繰り返す

戦争と革命を仕組んだのは誰だ

●目次

まえがき　歴史は再び繰り返す　3

序章　［ディープステートの大戦略］
プーチンを悪者にした戦争仕掛人　17

金日成にエサを撒き朝鮮戦争を誘発した米国の策略　18
さらに、おびきだすためのエサが撒かれた　21
「バラ革命」「オレンジ革命」「チューリップ革命」の嘘　24
「アラブの春」の背景にあった米ネオコンによる謀略　26
ジョージ・ソロスの逆鱗に触れた「ミンスク合意」　29
あわや「第三次世界大戦勃発」の危機も　32
印象操作で歪められるプーチンの実像　34
プーチンは「ディープステートの罠」に、はまったわけではない　36
善悪二元論・勧善懲悪でプーチンを裁くのは幼稚　40
メディアを支配する者が世界を支配する　44

第一部 【ウィルソン大統領時代のアメリカ】
アメリカはなぜ日本を「敵国」としたのか 47

I 「日米関係」の歴史 49
国際社会は「国益」のぶつかり合い 49
アメリカの「国体」の変革 51
今なお続く「歴史戦争」 52

II アメリカの社会主義者たち 55
「ロシア革命」は「ユダヤ人解放革命」だった 55
ウィルソン大統領の「ロシア革命礼賛」の謎 57
大統領を陰で操る男、ハウス大佐 59
国家の上に〝普遍的価値〟を置くイデオロギー 61
大資本家は社会主義者である 63
スキャンダルを種に脅迫されていたウィルソン 66
狙われた「最高裁判事」のポスト 68

Ⅲ 日米対立へ 70
アメリカが「第一次世界大戦」に参戦した理由 70
ニューディール政策とブランダイス判事 72
日米関係を悪化させた元凶＝ヘンリー・スティムソン 76
アメリカの影の大統領バーナード・バルーク 80
セオドア・ルーズベルトがウィルソンを大統領に当選させた？ 82
ドルの発給権を手に入れた国際銀行家たち 86
国民に不人気だったウィルソン大統領 88
Ⅳ 「共産ロシア」に対する日米の相違 90
「シベリア出兵」の怪——アメリカは日本軍の活動を妨害した 90
ニコラエフスク邦人虐殺事件 97
共産主義者はなぜ殺人に〝不感症〟なのか 100
Ⅴ 人種差別撤廃と民族自決 104
ベルサイユ講和会議で世界の理想を先取りした日本 104
国際連盟の危うさ 107

「民族自決」を日本非難に利用されてしまった…… 111
「国際主義」を推進するための民間シンクタンク 114
「外交問題評議会」がアメリカの外交政策を決めている 115
Ⅵ 運命の「ワシントン会議」 120
「ワシントン会議」こそ大東亜戦争の火種 120
九カ国条約の欺瞞的性格 122
中国は独立国ではなかった 125
ソ連が締約国でなかったことの意味 129
日本人をアメリカ嫌いにした「排日土地法」 132

第二部

アメリカはなぜ日本より中国を支援したのか

【「支那事変」の真実】 137
Ⅰ 狙われた中国と満洲 139
ソ連の「中国共産化政策」と米英金融資本の「中国経済侵略」 139
「支那幣制改革」という荒業 142

金儲けをしながら、北支の独立を阻む狡猾さ 144
Ⅱ 「西安事件」の世界史的意義 148
蔣介石が部下に監禁された！ 前代未聞の大事件 148
宋子文が国民党の事実上の支配者に 151
「日中和平の可能性」は、すでになくなっていた…… 153
蔣介石を相手にしても仕方がない!? 155
Ⅲ 中国に肩入れするアメリカ 158
汪兆銘政府は日本の傀儡ではなかった 158
アメリカは中国を舞台に、日本に〝宣戦〟していた 162

第三部

【ルーズベルト大統領時代のアメリカ】

アメリカはなぜ日本に戦争を仕掛けたのか

165
Ⅰ ルーズベルト政権秘話 167
ルーズベルト大統領も国際主義者だった！ 167
「日本蔑視」の大統領 169

生きていたハウス大佐、再び　170
ルイス・ハウとは何者だ　173
ルーズベルトを最後まで操ったハリー・ホプキンス　175

Ⅱ　仕組まれた真珠湾攻撃　178
真珠湾の謀略は必要だったのか　178
自国民を犠牲にしたルーズベルト　181
アメリカはどうしても日本と戦争する必要があった　184

Ⅲ　日本を戦争へ導く「マッカラム覚書」　188
アメリカはいかにして日本を追い詰めたか　188
「マッカラム覚書」はどのように実施されたのか　192
ルーズベルトに「対日戦争」を嗾《けしか》けたのは誰か　202
「共同謀議」を行ったのはアメリカだ　205
「側近政治」の危険性　209
ジョージ・マーシャルが中国を共産化した　211

最終章

【これからの日米関係】
「グローバリズム」は21世紀の「国際主義」である 213
アメリカの正体とは？ 215
「日米戦争」はまだ終わっていない 216
「日本を国際主義化せよ！」 218
グローバリズムの淵源は「門戸開放主義」 220
「国際主義」VS「民族主義」 223
「グローバリズム」と「ナショナリズム」の両立は可能か 226

装幀　須川貴弘（ＷＡＣ装幀室）

序章

【ディープステートの大戦略】

プーチンを悪者にした戦争仕掛人

金日成にエサを撒き朝鮮戦争を誘発した米国の策略

２０２２年２月24日のロシアのウクライナ侵攻で、世界中からプーチン大統領に非難の声が向けられています。一方で、今回の戦争を見て、どこか違和感を覚えている方もいられるのではないでしょうか。なぜプーチンは、世界中の批判を受けることを想定しながら、侵攻に踏み切ったのか。なぜ、キエフ攻略にここまで時間がかかっているのか。果たして、プーチンはディープステートの挑発に乗ってしまったのか、様々な疑問が湧いてきます。

序章では日々の戦況の解説ではなく、今回の紛争を理解するための背景を提供することに主眼を置きました。

実は過去のアメリカが関わった戦争においても、今回のウクライナ侵攻と同じような状況が見られるのです。

朝鮮戦争（１９５０〜５３年）

戦争勃発《ぼっぱつ》の半年前、当時のアチソン米国務長官は「台湾と南朝鮮（韓国）は米国の防衛線の外だ」と演説しました。これは、「中華人民共和国から台湾へ侵攻があっても、台湾防衛のために米国が介入することはない。北朝鮮が韓国を攻撃しても、米国は関与しない」ことを鮮明にしたわけです。つまり中華人民共和国による台湾攻撃と北朝鮮による韓国攻撃を容認する驚愕《きょうがく》すべき内容です。

この演説を受け、北朝鮮の金日成主席は1950年6月に南下を開始し、怒濤《どとう》のごとく釜山まで至りました。米国が北朝鮮に侵攻するようエサを撒き、金日成がそれに喰いついた格好です。

この戦争を契機に国連は北朝鮮を侵略者と断定し、北朝鮮軍を阻止するために国連軍が誕生しましたが、実に不思議な現象です。というのも、国連軍の創設には国連安全保障理事会の拒否権を持った五大国の承認が必要です。その五大国の中には北朝鮮の同盟国、ソ連が入っていましたが、拒否権を発動しなかったのです。スターリン首相は国連のソ連代表に安保理審議に出るなと命令し、欠席させました。そこで残りの四大国を含む賛成多数で国連軍の創設が決定されました。逆に言えば、ソ連が国連軍創設に協力した格好です。裏でどのような交渉があったのか、今後の研究を待ちたいところですが、ソ連に何かしら圧力がかかっていたことは間違いないでしょう。

国連軍創設以外にも実戦において不可解な現象がいくつか見られました。

国連軍の司令官にはＧＨＱ総司令官だったダグラス・マッカーサーが任命されますが、

彼の回想記『マッカーサー回想記（上下）』（朝日新聞社）に従って戦局を見ると、驚くべきことがわかりました。米国はマッカーサーに必要な武器や人員を手当てせず、国連軍の旗の下に戦っていた米軍が戦争で勝利を収めるのを故意に妨害したように見られるのです。

マッカーサーは戦局が北朝鮮に不利になった時介入してきた中共義勇軍に勝つ作戦を米政府に進言し続けます。たとえば、中共軍の朝鮮への侵攻ルートである鴨緑江《おうりょくこう》にかかる橋梁の爆撃許可を米政府に求めたのに対して、英国と協議した結果であるとして「満洲国境から八キロの範囲内にある目標に対する爆撃はすべて延期する」という回答が返ってきました。

これだけでもマッカーサーを落胆させるに十分でしたが、さらに驚愕すべき事情を彼は明らかにしています。実はマッカーサーの作戦行動の詳細は米国務省を通じて英国に伝えられ、英国からソ連とインドを通じて中共軍と北朝鮮軍に流されていたのです。中共側は満洲から北朝鮮への国境に至る補給線を攻撃される恐れがないことを知っていたので、これらの地帯をいわば聖域として使用していました。

つまり、米国がわざわざ中共軍のために絶対に攻撃されない聖域を提供していたわけです。朝鮮戦争は結局元の38度線で休戦となりましたが、米国が戦争相手を手厚く保護するといった、こんなバカげた戦争があるでしょうか。

さらに、おびきだすためのエサが撒かれた

ベトナム戦争（1965〜75年）

一九六四年、北ベトナム沖のトンキン湾で、北ベトナム軍の哨戒艇が米海軍の駆逐艦に二発の魚雷を発射したとされる、いわゆるトンキン湾事件が発生。これを受け、米国は北爆を開始しベトナムに本格介入することになりました。ところが、このトンキン湾事件は米国による自作自演であることが後に判明しています。

さらにベトナム戦争が始まって以降、50万人の兵力を米国は投下しながらも、ベトコン（南ベトナム解放戦線）を制圧することはできませんでした。メディアは米軍の体たらくを見て「米国といえども、人民の力には及ばない」と盛んに報じましたが、常識的に考えると、そんなことはあり得ません。

当時の記録を調べると、米国はどうも真面目に攻撃していません。それどころか、一九六六年、ジョンソン大統領（当時）はソ連や東欧共産圏諸国に対して、貿易の最恵国待遇（貿易において他国を差別しないこと）を与えると発表しました。この声明のポイントは米国がソ連などに対して、総額300億ドルを融資し、ソ連などはこの資金を米国からの「非

戦略物資」の輸入に充てるというものです。

ところが、「非戦略物資」には、石油、航空機部品、レーダー、コンピュータ、トラック車両などの戦略物資が入っていたのです。要するに戦争の相手陣営に資金を貸し、戦争遂行に必要な物資を購入させるという、常識では考えつかないことをやっていたのです。ソ連は当然、米国が貸してくれた資金を使い、米国からこれら戦略物資を購入して、北ベトナムやベトコンに送り、米軍との戦争に投入させたのです。米国は米兵を殺傷するために、ソ連に援助した格好です。

朝鮮戦争と同じく米国を叩きたい勢力が背後にいて、ベトナム戦争の泥沼に米国を引きずり込んだわけです。

湾岸戦争（1991年）

イラクのフセイン大統領が突如クウェートに進軍したのは1990年8月2日のことです。1980年から8年間にわたり、イランとの不毛な消耗戦を戦ったフセインにとって、戦争の痛手から回復していない段階で、クウェートに侵攻する積極的な動機は乏《とぼ》しいと言わざるを得ません。

しかし、ここでも米国はフセインをおびき出すエサを巧みに撒いていています。

7月22日、グラスピー駐イラク米大使はフセインと会談した際、「米国はイラクとクウェート間の国境問題には関心がない」ことを伝えたのです。まさにアチソン演説と同じ手口です。この会談直後、フセインはクウェートに侵攻し、全土を占領下に置きました。ところが、翌91年、国連決議に基づき米国をはじめとした多国籍軍が派遣され、イラク軍を徹底的に叩き、イラク軍はクェートから撤退します。

イラク戦争（2003年）

湾岸戦争で米国は勝利したものの、フセイン失脚までには至りませんでした。ブッシュ（父）大統領が果たせなかった目的を完遂させたのが、息子のブッシュ大統領です。

CIAは「フセインは大量破壊兵器を隠し持っている」と報告、ブッシュ（子）大統領はそれを受け、イラク侵攻を決断しました。湾岸戦争の時とは異なり、ロシアをはじめ、ドイツ・フランスからも強い批判を浴びました。

さて、イラクを占領して調査してみると、まったくそんな兵器は見つからない。完全な虚偽情報であることが判明したのです。当時、国務長官を務めていたコリン・パウエル（故人）は、後年、「騙された」と語っていたそうです。

米国がイラクを攻撃した理由は石油にありました。湾岸戦争の前に、米国はフセインに融資の見返りに石油産業の民営化を要求し、拒否された経緯があります。しかし、イラク戦争の結果、米国はイラクの石油を押さえることに成功しました。石油強奪のための開戦という本音を糊塗《こと》するため、「大量破壊兵器」を口実にしたのです。

それほどまでして、イラクの石油を押さえなければならない理由は、ほかならぬロシアの動向だったのです。

「バラ革命」「オレンジ革命」「チューリップ革命」の嘘

興味深いことに2003年は、ロシアを中心に東欧諸国でさまざまな事件が発生しています。

ロシアでは「ホドルコフスキー事件」がありました。

ソ連崩壊後のロシアの石油資源の大半は、オリガルヒと呼ばれる新興財閥の一人、ミハイル・ホドルコフスキーのユコスが握っていました。ホドルコフスキーはユコスと石油会社シブネフチとの合併による新会社設立を計画していましたが、その株の40%を米メジャーのエクソン・モービルとテキサコ・シェブロンに売却する交渉を進めていたことが判明。そうなると、ロシアの石油資源が米国のメジャー企業に握られる危険がありました。

そこでプーチンは脱税の罪でホドルコフスキー氏を逮捕、シベリア送りにしたのです。

　この事件の1カ月後、グルジア（現ジョージア）で「バラ革命」と呼ばれる反政府運動が発生。親露派のシュワルナゼ大統領の与党が勝利した議会選挙に不正があったとして抗議運動が高まり、バラを持った運動家たちが議会ビルを占拠。再選挙が実施された結果、与党が敗北し、ウォール街の弁護士出身である親米派のミハイル・サーカシビリが大統領に選出されました。

　翌2004年、ウクライナで「オレンジ革命」が勃発。親露派のヤヌコビッチ首相と欧米派が擁立したユーシチェンコ中央銀行総裁との大統領選で、ヤヌコビッチが勝利したと発表されました。すると、ここでも不正選挙だというデモが発生し、再選挙が行われた結果、ユーシチェンコが勝利したのです。オレンジ色の衣服や旗に埋め尽くされた抗議デモから、「オレンジ革命」と呼ばれています。

　さらに2005年には、キルギスで「チューリップ革命」が勃発。親露的なアカエフ大統領の与党が圧倒した議会選挙に対して、またもや不正であるとの大規模な野党による抗議デモが発生し、アカエフ大統領はロシアに亡命して、革命が成就しました。

　このような一連の反プーチン革命にプーチンが反撃したのが、2005年のウズベキスタン危機でした。東部で起きた大規模な反政府暴動をカリモフ大統領は武力で弾圧、デモ隊側に多数の死者が出ました。米国はこれを非難して、真相究明の国際調査団の受け入れを要求しましたが、プーチンの強い支持のもとで、カリモフは拒否し、危機は終了しました。

「アラブの春」の背景にあった米ネオコンによる謀略

ロシア周辺諸国でのカラー革命が一段落した2010年になって、突如、チュニジアで反政府デモが発生しました。瞬く間に全国に拡大、ベン・アリ大統領がサウジアラビアに亡命し、23年間続いていた安定政権が崩壊しました。チュニジアを代表する花がジャスミンであったことから「ジャスミン革命」と呼ばれましたが、次々とアラブ諸国に伝播しました。

2011年にはエジプトに飛び火、反政府デモによって、30年にわたりエジプト社会にそれなりの安定をもたらしていたホスニ・ムバラク大統領は失脚しました。さらにリビアでもカダフィ退陣を求めるデモが発生、軍による弾圧の結果、カダフィ派と反カダフィ派との内戦に突入。NATOによる軍事介入などの末、同年8月、カダフィが白昼惨殺され、42年にわたるカダフィ政権が崩壊しました。

この一連の民主化運動は「アラブの春」と呼ばれていますが、なぜ、発生したのか。

その理由を探ってみると、２０１０年、ウクライナの大統領選挙で、オレンジ革命で政権に就いていた親欧米派が敗れ親露派のヤヌコビッチが勝利を収めたことと関連があるのではないか。アラブの世俗派政権を倒してイスラム過激派政権に代えて国内を不安定化させ、プーチンのアラブ進出を牽制する目的があったように思われます。

２０１３年の夏、シリアのアサド政権が化学兵器を使用した可能性があるとしてオバマ大統領はシリア空爆を宣言しましたが、英国などの反対で撤回しました。この失態で世界のリーダーとしてのオバマの権威が失墜し、代わりに登場したのがプーチン大統領でした。プーチンはシリアの化学兵器管理を国連の管轄下に置くことでこの問題を解決し、中東のプレーヤーに躍り出たわけです。シリアで米国の影響力が減退したことを受け、２０１３年12月、ウクライナ危機が発生します。

このとき、米国のネオコン（新保守主義者）である、ヴィクトリア・ヌーランド米国務省欧州及びユーラシア担当次官補とジェフリー・ピアット駐ウクライナ米国大使の翌年一月二十八日の電話連絡の内容が暴露されています。そのとき、ヌーランドはピアットに、ヤヌコビッチ反対派の急先鋒、ヤツエニューク元外相を新政権の首相に据えようと協議し、その通りになりました。

要するにヌーランドは反ヤヌコビッチ・デモの開始以降、いわば陣頭指揮に当たっており、クッキーを配りながら一緒にデモをしていました。ちなみにヌーランドの夫は、ネオコンの理論家、ロバート・ケーガンです。また彼女はネオコンのチェイニー副大統領（息子ブッシュ政権）の補佐官を務めたこともあります。今回のウクライナ紛争の真相を解くカギがネオコンなのです。

ネオコンは1960年代から米国で勢力を伸ばし始めました。もともと左翼でリベラルな人々が保守主義に鞍替えしたことから「ネオ」と呼ばれるという説明もありますが、これだけではネオコンの正体を見誤る危険があります。ネオコンの元祖は、実はトロツキーです。

世界同時革命を唱えるトロツキーは、一国社会主義を主張するスターリンとの路線闘争に敗れた結果、ソ連を追放されメキシコに亡命、そこで暗殺されました。このトロツキーの世界革命思想を受け継いだユダヤ系トロツキトたちが、移民先の米国で社会党を乗っ取り、民主党と結合して、民主党左派の中核としてグローバリズム（世界統一政府）を主導するようになったのです。

彼らは表向き「社会主義革命の輸出」というトロツキー的看板を下ろし、それに代わって「自由と民主主義の輸出」（ということはグローバリズムの推進ということですが）によって世界統一を達成する戦略を取ったのです。ところが、民主党のケネディ大統領がソ連との融和政策の平和共存政策を取り始めたため、東西冷戦下におけるソ連共産主義勢力との紛争に従事していたネオコンは反発し、共和党に鞍替えして今日に至っています。

そして今や世界統一政府を進める上で、ネオコンがもっとも敵視しているのがプーチンのロシアです。というのも、プーチンはネオコンの世界統一政府構想に早くから警告を発し、グローバリズムを批判してきたロシア愛国主義者だからです。とりわけ、ロシアのエネルギー資源はロシア人が支配すべきだとして、米国などの外資による介入を排除してきたのです。プーチンがいる限りロシアのエネルギー資源を奪うことができないネオコンは、ロシア国内及び世界各地で反プーチン運動を仕掛けているのです。

ジョージ・ソロスの逆鱗に触れた「ミンスク合意」

話を2014年の「ウクライナ危機」に戻しましょう。

反政府デモ隊の中に、ネオコン以外に「ネオナチ」（右翼の排外主義過激派団体）も参加していたことが判明しています。ネオナチは武装勢力であり、同じ反ヤヌコビッチ仲間であるはずのデモ隊に発砲し、流血の惨事を引き起こしました。これがヤヌコビッチの命運を決めることになりました。つまり、世界のメディアがヤヌコビッチ大統領の治安部隊がデモ隊を殺害したと報じたため、民心はヤヌコビッチ大統領から離れてしまったわけです。

結果、2014年2月、ヤヌコビッチ大統領はロシアへ逃亡し、トゥルチノフ大統領とヤツエニューク首相による暫定政権が生まれました(2014年5月まで)。要するにウクライナ政権はネオコンとネオナチによって乗っ取られてしまったのです。

まず暫定政権が始めたことは、ロシア系住民に対する迫害です。ロシア語を公用語から外し、さらに虐殺行為まで働いています。その中心的役割を担ったのが、ドニプロペトロフスク州知事を務めていたコロモイスキーです。コロモイスキーはユダヤ系の大富豪で、カネにモノを言わせて「アゾフ大隊」という私兵集団を組織し、東ウクライナのロシア系住民を虐殺し続けました。

これらの反ロシア的な動きを受け、プーチンは2014年3月、ロシア系住民が7割を占めるクリミア併合を決行します。ところが、クリミア併合後もロシア系住民への迫害は続きました。同年5月には、ウクライナ南部の港湾都市オデッサで、労働組合ビルにロシア系住民を追い込み、ビルに放火して焼死者32人を含む46人が死亡した事件が起きました。「オデッサの虐殺」といわれる惨劇です。

暫定政権の後、2014年5月に実施された大統領選挙で、当選したのがポロシェンコ氏。ポロシェンコ政権下で、ロシア系住民に対する政策に大きな動きがありました。

それは2015年2月の「ミンスク合意」です。ウクライナ東部の親露勢力とウクライナ政府間で①ウクライナ東部での包括的な停戦及び②親ロシア派武装勢力が占領するウクライナ東部の二地域（ドネツク・ルガンスク州の一部）に幅広い自治権を持つ「特別な地位」を付与することについて交渉を行うことが合意されました。ポロシェンコ大統領とプーチン大統領が署名し、ドイツのメルケル首相とフランスのオランド大統領が立会人になりました。

ところがこの「ミンスク合意」はネオコンの逆鱗《げきりん》に触れたようです。

ネオコンを代表するユダヤ系投資家、ジョージ・ソロスは「ニューヨーク・タイムズ」（2015年4月1日付）に寄稿、ミンスク合意を手厳しく非難し、「停戦合意によって民主化運動は失敗した、停戦合意は破棄されるべきだ」と主張し、「EUはウクライナに対して、ロシアと戦争ができるように軍事援助をすべきだ」と結論づけています。

要するにソロスは、ウクライナはロシア系住民との戦闘を続けてほしかったのです。もっと言えば、ウクライナ危機を演出したソロスたちネオコン勢力にとって、ウクライナの安定発展は目的ではなかった。真の狙いはプーチンにロシア系住民保護の名目でウクライナに軍事介入させて戦闘の泥沼に引きずり込み、反プーチン運動を世界的規模で展開することによってプーチンを失脚させることでした。

ところが、ポロシェンコはネオコンの意思に反して、先のミンスク合意を締結、さらには東部ウクライナのロシア系住民殺害の黒幕コロモイスキー知事を解任。そして、ネオコンから送り込まれたヤツエニューク首相は支持率低迷のため翌年辞任しています。

あわや「第三次世界大戦勃発」の危機も

ウクライナで後退したネオコンによるプーチン失脚戦略は、2015年後半からシリアと、イスラム超過激派のIS（イスラム国）に移ります。シリア内戦もISのテロもプーチンを挑発して軍事衝突を起こさせるという、ネオコンの世界戦略の一環でした。

順を追って説明しましょう。

2015年9月末の国連総会の際行われたオバマ・プーチン会談において、オバマはロシアがIS掃討作戦に参加することを黙認しました。実際にロシアが空爆を始めると、ISの勢力はあっという間に後退を続け、現在シリアにおいては事実上消滅したと言ってもいい。ということは、逆に言えば、米国はそれまでISを故意に攻撃しなかったのです。

ロシアが空爆を始めて1カ月後、エジプトのシナイ半島上空でロシアの民間旅客機が爆弾テロで爆破され、乗客乗員全員が死亡するという事件が発生しました。ＩＳはロシアの空爆に対する報復であるとの犯行声明を出しています。しかし、ＩＳ空爆に対する報復であるとするなら、ＩＳはなぜ米国がイラクやシリアのＩＳ拠点を空爆した際に、報復措置を取らなかったのでしょうか。

要するにＩＳは米国のネオコンが育成したと疑わざるを得ません。実際に米国はＩＳを密かに支援していました。たとえば、米国はＩＳの拠点攻撃作戦中に、米軍ヘリコプターが反アサド勢力に供与するはずであった武器を、誤ってＩＳ拠点に投下してしまったと発表する始末です。

今は誰も注目していませんが、２０１５年11月24日は世界が第三次世界大戦の瀬戸際まで追いやられた歴史的な日です。トルコ軍機が、領空侵犯を繰り返したとしてロシア軍機をシリア上空で撃墜する事件が発生しました。

トルコはＮＡＴＯ加盟国です。意図的にトルコがロシア軍機を撃墜したとなれば、プーチン大統領は報復のためトルコを軍事攻撃し、第三次世界大戦が始まっていた可能性もあります。しかし、プーチンはトルコに対し形式的な制裁をしたものの、エルドアン大統領を必要以上に追いつめることはしませんでした。一方、エルドアン大統領もロシア機の領空侵犯を非難したものの、しどろもどろの説明ぶりで、明らかに動揺している様子でした。

後に判明することになりますが、実はこの撃墜事件はエルドアンが知らないうちに空軍内の反エルドアン分子によって決行されたのです。どうも、プーチンはこの間の事情を摑んでいたらしく、エルドアンを追い詰めなかったのです。エルドアンは結局2016年6月、ロシア軍機撃墜は偶発的であったとしてプーチンに文書で謝罪しました。

ところが、その直後、イスタンブール空港でISによる自爆テロが発生、40人以上が死亡する大惨事が起きました。そして7月15日にトルコ軍の一部によるクーデター未遂事件が発生。逮捕された軍人の中にロシア軍機を撃墜した空軍兵士が含まれていたのです。これで明らかになったことは、ネオコンはトルコを使ってプーチンを戦争におびき出そうとしましたが、失敗したということです。エルドアン大統領は撃墜事件後ロシアと戦争するようネオコンから様々な圧力を受けていました。しかし、エルドアンがネオコンの誘いに乗らないため、2016年1月からトルコではほぼ毎月のごとくISなどによるテロが繰り返されていたのです。ウクライナを通じての工作が一旦不発に終わった2015年の後半段階ではロシアと戦争させるために、トルコが利用されたのです。

印象操作で歪められるプーチンの実像

ここで時間的には遡りますが、ミンスク合意後のネオコンによるプーチン攻撃の流れを見ておきます。現在の状況を彷彿させる内容です。プーチンを世界の悪者に仕立て上げる様々な印象操作が激化しました。

2015年のミンスク合意の2週間後、ボリス・ネムツォフというロシアの元第一副首相（エリツィン政権時代）がクレムリンの近郊で暗殺されています。この時、西側のメディアは大統領選のライバルを消すための、プーチンによる暗殺であると報じました。ところが、ネムツォフは泡沫政治家で、支持率は1％程度。到底プーチンのライバルにはなり得ません。

そういう人物を暗殺し、プーチンの仕業であるという情報を流布《るふ》して、「プーチンは非情で、冷酷な人間である」という印象操作を仕掛けたのです。

もう1つ、暗殺場所がクレムリン近郊ということは、プーチンをいつでも暗殺できるという意思表示でもあったのです。それを察知したプーチンは約2週間、雲隠れし、次に登場したのがテレビ演説の場でした。そこで、プーチンは「ロシア軍の核兵器を臨戦態勢に置くべきかどうか、検討を命じた」と話しました。この発言を受け、日本をはじめ世界では「プーチンはとんでもない。核兵器を弄《もてあそ》ぶとは」と一斉に非難の声が上がり、当時の広島・長崎市長は抗議文まで出しています。

さらに、最近の典型的なデマ報道は、２０２０年の反体制派ナワリヌイ毒殺未遂事件です。プーチンが本気で殺そうと思ったのであれば、未遂で終わるはずはありません。しかもナワリヌイはロシアの病院で治療を受けており、ドイツの病院への転院まで認められ、その後ロシアへの帰国も認められているのです。帰国後逮捕されましたが、どうしてナワルヌイは「毒殺」の危険があるロシアへわざわざ戻ったのでしょうか。

今回のウクライナ侵攻においても、プーチンは病気のために精神異常になって気が狂っているのではないか、クーデターの可能性があるのではないか、軍部が反乱してプーチンを捕まえ、軍事裁判にかけるのではないか……。

そんな情報ばかりが氾濫《はんらん》しています。ネオコン側による情報操作と言えますが、わが国を含め世界の多くの人たちはそれらの情報に惑わされています。しかし、これまで述べたネオコンによるプーチン潰しの事実を見据えれば、プーチンを不当に貶《おとし》める印象操作であることが容易に理解できるはずです。

プーチンは「ディープステートの罠」に、はまったわけではない

ともかく、ネオコンは常にプーチンを追い詰めるよう巧みに仕掛け、追い詰められたプー

チンの反応を大げさにとらえて、メディアを通じてプーチン悪玉論を広め、孤立化させる……。

それが繰り返し行われてきました。今回も同じです。バイデン政権は「ロシアはウクライナに侵攻する」と盛んに煽りました。それを受け、ゼレンスキー大統領は「戦争を煽る発言は迷惑だ」と批判しましたが、バイデン政権は声を上げ続けました。バイデン政権に入り込んでいるネオコン（たとえば、ヌーランドは国務次官に出世）による戦争扇動で、プーチンはついにウクライナの脅威を取り除く軍事作戦を決断せざるを得なくなったのです。私はこんな安っぽい挑発にプーチンは乗らないと予測していました。プーチンはトルコのときは自制することができたのですから。

ところが、今回は侵攻したのですが、以下に述べるように挑発に乗せられた結果ではありませんでした。ディープステートの罠に、はまったわけでもありません。プーチン大統領はロシアの安全保障のためにウクライナへの軍事作戦を決断したのです。プーチンの決断の理由を解くカギは、2月21日に行われた演説にあります。

そもそもこの演説はドネツク人民共和国とルガンスク人民共和国を国家承認するよう求めたのが主たる目的でしたが、同時にウクライナへの軍事作戦が示唆《しさ》されていたのです。NATOの東方拡大がロシアとアメリカの数度にわたる合意（口頭によるもの）にも拘らず、1999年以来2020年まで5波にわたって行われ、この間にポーランド、チェコ、ハンガリー、ブルガリア、ルーマニアなどの旧東欧衛星国、ソ連邦の構成共和国であったバルト三国、旧ユーゴ構成諸国などの加盟によって、ロシア国境沿いにNATO軍が直接対峙する事態となっていたのです。加えて、ウクライナのNATO加盟が日程に上るようになったのです。これにより、ロシアに対する軍事的脅威が飛躍的に拡大し、ウクライナが対ロシア軍事攻撃の前線基地化する事態が迫っていました。超音速兵器を使えばわずか4〜5分でミサイルがモスクワに達する状況にまで追い詰められていたというわけです。以上の差し迫った危機に対処するため、プーチンはウクライナに対する先制攻撃を決意したものと考えられます。政治は結果責任です。プーチンとしてはロシア国家と国民をウクライナからの軍事攻撃から守るために、世界の批判は承知の上で止むを得ずウクライナ軍事特殊作戦を決断したということでしょう。

プーチンの演説から窺えることとは、私の想像以上に、2014年の「ウクライナ危機」以降の8年間でウクライナの反露軍事基地化がネオコンやネオナチ主導で進んでいたようです。

そもそもウクライナという国は、国民は別にして上層部の腐敗が激しい。腐敗の温床は、天然ガス利権であり、私が大使を務めていた頃から続いている問題です。この利権を誰が握るか、それがウクライナの政治の要諦でもある。天然ガスの利権を巡り、ロシアともいざこざが絶えません。

しかも、この利権には海外の政治家まで首を突っ込んでいます。有名なところでは、バイデン大統領と、彼の息子、ハンター・バイデンです。息子のハンターはブリスマというウクライナの天然ガス会社の幹部に就任して大量の賄賂《わいろ》を受け取っていたことが取りざたされています。

こういった腐敗政治家たちを一掃しなければ、ウクライナ国民はいつまでたっても幸福になれません。プーチンもウクライナの腐敗した利権構造を理解しています。プーチン自身、オリガルヒに搾取《さくしゅ》されていたロシア経済を取り戻すために、命をかけた戦いを繰り広げていたからです。

しかも、先述したように2014年の「ウクライナ危機」以降、ポロシェンコ政権、そして、特に今のゼレンスキー政権はネオコン（ネオナチも含む）に牛耳られた政権でもある。しかも、ウクライナはNATOに加盟しようと言い出している。このタイミングを逃したら、ロシアの安全保障は窮地《きゅうち》に立たされる――。

これらの理由があいまって、プーチンはウクライナに巣くうネオコン・ネオナチ勢力の力を削ぐために、ウクライナ侵攻を決断したのではないでしょうか。

その証拠に現時点（2022年3月末）では、ロシア軍はキエフを空爆もせず、全面的な侵攻もしていません。プーチンにとって今回の作戦はゼレンスキー政権打倒、ウクライナ制圧が目標ではないからです。ネオコン・ネオナチ勢力の排除、そしてウクライナを中立国、無害化することが目標ですから、プーチンが言うように軍事特殊作戦なのです。

善悪二元論・勧善懲悪でプーチンを裁くのは幼稚

ウクライナ紛争の結末はどうなるのか。2022年3月末現在イスラエルなどの仲介による停戦交渉が続行中ですが、いずれにしても、たとえ一時的に停戦が合意されたとしても本格的な解決までには時間がかかるのは間違いありません。今回の紛争にはどうも釈然としないことが多すぎることから考えれば、水面下で何かが動いているのではないかと見なさざるを得ないわけです。

第一に、極端な善悪二元論です。プーチン（ロシア）が悪、ゼレンスキー（ウクライナ）が善、プーチンが加害者、ゼレンスキーは被害者、世界はゼレンスキーのウクライナを支援すべしといった勧善懲悪の幼稚なメディア報道に溢れているからです。このような善悪二元論は疑ってかかる必要があります。なぜなら、今回の紛争の裏に潜む真の黒幕が見えなくなるからです。

第二に、プーチンはキエフを攻撃していないことです。全面戦争なら首都を落とすのは鉄則で、ロシアにキエフ攻撃ができない理由はないでしょう。前述したように、軍事作戦の目標は軍事基地であり、徹底して叩いているのです。ということはウクライナ国家を標的とはしていないということです。ゼレンスキーもプーチンの真意を理解しているから、キエフにとどまり世界各国向けに支援を呼びかける演説を行っているのです。まるで、演技そのものです。ゼレンスキーにとっては2019年の大統領選挙の際、選挙公約をしながら実現できなかったネオナチ退治を今回プーチンがやってくれるのであれば、内心歓迎していることでしょう。

第三に、米国などの経済制裁が中途半端なことです。経験したこともない経済制裁と言いながらも、抜け穴だらけの制裁なのです。鳴り物入りの国際決済制度からの排除も、ロシア最大の銀行ズベルバンクなど3行が除外されていることは、ロシア経済が崩壊するまでは追い詰めないということです。他方、ロシアは敵対国EUに対し、天然ガス供給を止めてはいません。ドイツに対するノルドストリーム1、ウクライナ経由パイプライン、トルコ経由パイプライン、いずれも平常通り供給されています。EUもロシアが天然ガス供給を停止しないことを前提に、経済活動を行っているわけです。

第四に、アメリカのウォール街はどうやら金融で一儲けを企んでいるようです。ゴールドマン・サックスやモルガンスタンレーなどが急落したロシア企業株を買いあさっているというのです。ということは、ディープステートはロシア経済が復権することを見込んでおり、いずれ値上がりする株で大もうけすることを企んでいるのだと想像されます。

以上はほんの一例に過ぎませんが、これだけでも今回の紛争がうさん臭いものであることを窺わせる内容です。

繰り返しになりますが、ネオコンの最終目標はロシア・プーチンを潰し、世界統一政府を樹立することにあります。そのためには、今後も様々な謀略を実行するでしょう。

コロナ禍もその1つでした。コロナによって人々を恐怖に陥れ、世界統一の方向に向かわせましたが、さすがに人々は騙され続けませんでした。欧米ではコロナの規制に関して、どんどん解除の方向に動いています。となると、次なる一手としてロシア・ウクライナの軍事紛争にシフトしたのが実情でしょう。ウクライナ紛争の次の手段を用意するまでは、解決が長引く可能性は大いにあり得ます。

最後にもう一点。今回の紛争は米国内政治と密接に絡んでいます。2022年11月には米国で中間選挙が実施されます。ネオコンとしてもコントロールしやすい民主党政権ができるだけ続いてほしい。ところが、ダーラム特別検察官の捜査の結果、トランプ大統領を貶めようと捏造《ねつぞう》した「ロシアゲート」の黒幕がヒラリー・クリントンであることが明るみに出ており、民主党の立場が一層悪くなっています。

そこで、米国民を「やはりロシアは悪い国家である」と印象付けようとした。そして朝鮮戦争や湾岸戦争のときのように、バイデンは「ウクライナにロシアが侵攻してもNATO軍は出さない」とエサを撒いた……といったところでしょう。

ところが、11月の選挙までには間があります。バイデン政権、そしてネオコンからすると、今回のロシアの徹底したネオナチ・ネオコン潰しは誤算だった可能性が大です。しかも、今回のウクライナ紛争を通じて、バイデン政権の支持率は期待したほど上がっていません。そもそも外交問題は票にならない。「ポケットの問題」というように米国では経済状況が選挙の最大の焦点です。ロシアからの原油輸入を全面禁止することで、米国のガソリン価格はどんどん値上がりし、さまざまな生活必需品が高騰中です。インフレが民主党の逆風になっています。

バイデン政権は中間選挙で共和党が上下両院で過半数を占めないよう、手練手管《てれんてくだ》を駆使していますが、プーチンへの挑発は自らの首を絞めた結果に陥っています。ウクライナ紛争の行方は、11月の中間選挙の結果に大きく左右されることになりそうです。

メディアを支配する者が世界を支配する

なぜ、メディアの欺瞞をここで取り上げたのかと言うと、これから検証する日米戦争や支那事変の真相を理解するには、メディアを通じた「情報戦争」を理解する視点を避けて通ることができないからです。

戦争は、決して偶発的に起こるものではありません。必ずそこには、戦争を策謀する勢力がいます。その策謀は通常メディアの報道を通じて国民の頭づくりをすることから始まります。悪く言えば「洗脳」ですが、問題は「私たちがメディアによって（と言うことはメディアを背後から操る人々によって）、ある特定の意見を持つように洗脳されている」という事実に気づいていないことです。

にわかには信じられないことかもしれませんが、メディアは決して「中立」でも、「公平」でも、「反権力」でも、「庶民の味方」でもありません。ある特定の勢力が人々を洗脳する手段として使っている〝世論支配の道具〟なのです。

メディア先進国のアメリカでは、すでに１９２０年代から国民の持つべき意見をそれと気づかれないままにコントロールしている勢力が存在しています。『プロパガンダ』（成甲書房）というそのものずばりの本を公表した、エドワード・バーネイズは、このような勢力がアメリカの真の支配者であることを明らかにしました。この本はいわゆるトンデモ本ではありません。ウィルソン大統領の下にある広報委員会に勤務していた〝広報のプロ〟が書いた警告本なのです。この広報委員会の歴史的役割については、後に章を改めて説明することにします。

このバーネイズの暴露から100年たった今日においても、彼が喝破《かっぱ》した世界の真の統治者の構造は変わっていません。つまり、20世紀の「戦争」と「革命」は、この真の統治者が起こしたものなのです。「ロシア革命」も、「支那事変」も、そして「日米戦争」も然《しか》りです。

先述したウクライナ紛争における善悪二元論を世界に対し増幅・拡大したのは、メディアを使った真の支配者の工作です。メディアは連日のごとく、ウクライナの都市マリウポリやハリコフなどでロシア軍が病院や劇場などを攻撃して子供を含む民間人に多数の死者が出ているとして、これらは戦争犯罪だと非難しています。しかし、これらの都市はネオナチの軍事基地があることで知られており、勇気ある市民が民間人攻撃はネオナチのアゾフ大隊の仕業であるとの告発をネットなどで始めています。パレスチナのガザを支配するハマスなどの過激派がよく使う「人間の盾」作戦を彷彿させます。ウクライナ紛争の報道には、「「人間の盾」の犠牲者をロシア軍の所為にする「偽旗作戦」が見られることに注意する必要があるでしょう。

本書は、わが国とアメリカとの戦争に焦点を当てつつ、「アメリカの真の支配者とは誰なのか」「彼らの意図が奈辺《なへん》にあったのか」、また「どうしてわが国の指導者もアメリカの指導者も、彼らの意図を見破ることができなかったのか」について考究するものです。

もとより、私は歴史学者ではありませんので、これからの考察は学問的精緻《せいち》さには欠けるかもしれません。私の狙いは、専門の学者の方々に私の歴史観を厳しく検証していただく点にこそあります。僭越《せんえつ》ではありますが、この本が専門家の方々に、大いに議論していただくきっかけとなれば幸いです。

歴史は繋がっています。先の日米戦争を理解することは、現在わが国がおかれている国際環境を知ることになります。同時に、わが国の先人たちの苦労に思いを馳《は》せる作業にもなります。これらの作業は、ウクライナ紛争が勃発した、戦後77年の今年（2022年）に、私たち自身が行うべき〝義務〟でもあります。

では、これからこの義務にしばらくおつき合い願いたいと思います。

第一部

【ウィルソン大統領時代のアメリカ】

アメリカはなぜ日本を「敵国」としたのか

戦後70年にあたる2015年4月の安倍総理の訪米によって、日米関係は一応安定した軌道に乗りました。

あの時の訪米、なかんずく米国議会における安倍総理の演説は、これまでギクシャクしてきた日米関係の歴史的和解へ向けての第一歩ではありましたが、あくまで基本的には「アメリカの歴史認識」に立った上での、わが国からアメリカへ向けての和解へのジェスチャーでした。

日米の真の和解のためには、アメリカの日米戦争観の範囲内でわが国がどう対応するかではなく、わが国の日米戦争観を踏まえて両国民が先の戦争を総括する必要があるのです。

本書は「日米戦争とは何だったのか」、その隠されてきた真相を明らかにする意図で書いています。では、これからアメリカがどのようにして日本を追い詰め、第一撃を撃たせたのか見てゆきたいと思います。

Ⅰ 「日米関係」の歴史

国際社会は「国益」のぶつかり合い

「日米関係」の歴史を考えるに当たっては、「アメリカの対日観がどのように変遷してきたか」を考える必要があります。なぜなら、アメリカと日本にはそもそも戦争をしなければならない必然性はどう見てもなかったからです。

私たちが歴史教科書で習った通り、日露戦争終結の仲介をしてくれたのは、他ならぬアメリカでした。ところが、そのアメリカの仲介により、「ポーツマス条約」（１９０５年）が結ばれた後、アメリカの対日観が悪化していくのです。

わが国はいつの間にかアメリカの仮想敵国の一つになりました。アメリカが日本との戦争計画、いわゆる「オレンジプラン」の作成に着手したのは、未だポーツマス条約の署名のインクが乾かない１９０７年のことだったのです。

こう見てくると、「アメリカという国は信用できない」と思われる方も少なくないと思います。しかし、国際社会の本質は「国益」のぶつかり合いです。ですから、「信用できる国がある」という発想自体を改める必要があるのです。

このようなことを言うと、それだけで筆者の誠実さを疑われてしまう危険性があるのですが、40年間の外交官生活の経験に照らしてみると、特定の国を信用することは、時としてわが国の利益に反することになるのみならず、相手国に対しても誠実な態度とは映らないことがあるのです。

一見逆説的ですが、国益を毅然として主張することのほうが、相手国に対してわが国の態度がわかりやすくなります。相手国も国益を主張し、こちらも国益を主張する、そこから初めて妥協点を見出す交渉が始まるわけです。したがって、アメリカの対日態度が変化したことには何らかの理由があるはずで、変化自体をもってアメリカは信用できないと断定することは危険なわけです。

私は、アメリカが1907年になって突然日本に対する姿勢を硬化させたとは見ていません。先ほど述べたように、国益に従って行動するという定理に当てはめて考えると、日露戦争を仲介したのもアメリカの国益に基づいた行為であると考えられるのです。

もちろん、アメリカがわが国に好意的に接してくれたという事情はあるでしょう。しかし、それはアメリカが日本を好いていたとか、日本をかけがえのない友好国と考えていたからではないということを淡々と理解することが重要なのです。

アメリカの「国体」の変革

アメリカの対日観の歴史は大きく二つに区分されます。分水嶺《ぶんすいれい》になったのは1917年の「ロシア革命」です。ロシア革命を境にしてアメリカの「国体」は大きく変革することになりますが、この国体の変革がアメリカの対日政策の転換に繋がることになるのです。

①WASP支配（東部エスタブリッシュメント）VS ユダヤ社会支配（ウオール街の国際金融資本家や主要メディアの所有）

②中央銀行不在 VS 連邦準備制度設立

アメリカ建国の精神を大転換したこれらの事件は、概ね同じ時期に起こっています。アメリカの対日政策はアメリカ国体の変更を理解しないと全貌《ぜんぼう》が見えてきませんが、日本の歴史教科書はアメリカの国体の変更については教えてくれません。

私たちは先の大戦の真実を教えられてこなかったのです。これでは、戦後何十年の記念を幾度重ねたとしても、私たちは歴史を正しく認識することはできません。

今なお続く「歴史戦争」

中国や韓国は執拗《しつよう》にわが国の歴史認識に干渉してきました。干渉と言った言葉は適切ではありません。両国の反日態度は単に干渉の域を超えて、日本に対する敵視政策と言って差し支えない過激な状況にあります。

韓国政府の「ディスカウント・ジャパン（日本の評判を落とす）」工作に至っては〝宣戦布告〟に等しいと言えましょう。これは平時の国家間の関係としては極めて異常です。ところが、日本人の多くがこのような韓国の対日誹謗《ひぼう》態度を異常と感じていないのです。日本人そのものが、極めて異常な心理状態にあると言わざるを得ません。

すでに戦後も80年になろうとしています。安倍総理（当時）は、戦後70年目となる2015年4月のアメリカ訪問の際、上下両院合同会議の演説で、先の大戦に対する「悔い改め」を表明し、アメリカとの和解を訴えました。また、第二次世界大戦後、わが国がアジアや世界の平和のために積極的に貢献してきたことを強調するとともに、日米同盟を希望の同盟として、未来志向の日米関係を訴えました。

　アメリカ議会は安倍演説を好感を持って受けとめましたが、それは安倍総理があくまでも先の日米戦争に関するアメリカの歴史判断に異を唱えなかったからです。つまり、「アメリカの歴史認識の枠内での日米の和解を求める演説」だったからです。

　現段階で、日本の総理大臣としてはアメリカが設定した歴史認識に基本的に従わざるを得ないのはやむを得なかったと思います。しかし、日米両国民が本当に相互理解を深めるためには、両国民が先の日米戦争の真実を知ることがどうしても必要です。私たちは「日本がアメリカを侵略した」と教えられてきましたが、真実はアメリカが日本を侵略したのです。

　しかも、アメリカは無辜《むこ》の民に対する原爆投下や都市無差別空襲など、国際法違反の戦争犯罪を行いました。ところが、戦争犯罪を行ったとして、極東軍事裁判で死刑判決を受けたのは日本の指導者でした。どうしてこのような〝正義の逆転〟が戦後70年以上も正されずに許されてきたのでしょうか。

　訪米した日本の総理大臣としては、アメリカの戦争犯罪を公言することは不適切でしょう。しかし日本国民は、先の日米戦争におけるアメリカの侵略行為と戦争犯罪の事実を知っておくことが必要なのです。

とはいえ、本書はアメリカの戦争犯罪を追及する目的で書いたものではありません。アメリカの「対日戦争の理由」を明らかにすることが目的です。この理由を理解しない限り、わが国のみならず、アメリカ国民も自らの歴史を本当に知ることができないからです。同時に、日米戦争の隠されてきた真実を明らかにすることは、混迷する今日の世界に対し、未来へ向けた光を当てることになるのです。

先に述べたように、アメリカの対日観は歴史的に二つに大別できます。本書では、真珠湾攻撃に至った理由をまず解明します。「なぜアメリカは日本を追い詰めたのか」その理由こそが、戦後の東西冷戦体制や今日のグローバル市場を巡る大競争社会をもたらしたものなのです。つまり、日米戦争の真実を理解すれば、今日の世界の構造がわかるのです。

では、これから真珠湾攻撃に至るアメリカの国内情勢を検討したいと思います。

Ⅱ　アメリカの社会主義者たち

「ロシア革命」は「ユダヤ人解放革命」だった

私たちは何となく「アメリカ」がわかっているような気がしています。「自由の国」「個人の努力が報われる国」「開拓者精神の国」「イギリスからのピューリタン移民が建国した国」……。しかし、このレベルの理解からは、アメリカの世界戦略はわからないのです。アメリカが日本を攻撃した理由は、このどれにもかかわりがありません。アメリカは、自由を守るために第一次世界大戦に参戦したのではなく、民主主義を守るために第二次世界大戦を戦ったわけでもないのです。

先ほど述べたように、アメリカの歴史は、ロシア革命を分水嶺として大きく二つに分けられます。なぜそうなのか。それを解くことができれば、例えばロシア革命後のわが国のシベリア出兵の失敗の謎を解明することができるのです。

ロシア革命が、虐げられたロシア人による帝政打倒ではなかったことを、私は拙著『国難の正体』(総和社、新装版はビジネス社)や渡部昇一氏との共著『日本の敵』(飛鳥新社)の中で何度も強調しました。ロシア革命は、「亡命ユダヤ人が主導した、ロシアのユダヤ人解放のための革命」だったのです。

レーニンやトロツキーを資金的に支援したのは、欧米のユダヤ人金融資本家でした。日露戦争に際し、日本の国債を買ってくれたあのジェイゴブ・シフはロシア革命家に資金を供給した一人です。

これら金融資本家たちはロシア革命に投資しました。ロシア革命の成功によって、打倒されたロマノフ王朝の莫大な資産の多くは、ロシア革命政府の手によって欧米の投資者に還元されました。王室の財産だけではありません。ロシアの民衆が保有していた金(ゴールド)は革命政府が没収し、これも革命家たちの借金の返済に充てられたのです。

本書は、ロシア革命そのものを論じるのが目的ではありませんので詳細は省きますが、重要な点は「なぜ自由資本主義の国アメリカが資本家を否定し、国民の自由を抑圧する共産主義国ソ連を支持したのか」ということです。これは、単に「情報が十分ではなかったから、アメリカがソ連の実態を誤解した」などといったつじつま合わせの分析で足りるとするほどの生やさしいものではありません。「20世紀がなぜ戦争と革命の世紀であったのか」を解く鍵が、実にこのアメリカの態度の謎にかかっているのです。

ウィルソン大統領の「ロシア革命礼賛」の謎

ロシア革命を礼賛したアメリカ人の筆頭は、なんとあのウィルソン大統領でした。ウィルソンは、ロシア革命を称《たた》えて「素晴らしい民主主義国が誕生した」と慶賀しました。ウィルソンは1917年4月にドイツに宣戦布告したスピーチにおいて、ロシアの革命（この段階ではアレクサンドル・ケレンスキーのメンシェヴィキ革命）に触れ、次のように称賛しました。

「過去数週間にわたってロシアで起こっている素晴らしくもまた元気づけられる事件によって、未来の世界平和に対する我々の願いが保証されることになった。ここに、信義を重んずる同盟にふさわしい相手がある」

さらに、後に権力を奪取したレーニンのボルシェヴィキ体制を救うためにエリフ・ルート元国務長官をロシアに派遣して一億ドルの援助を行いました（ユースタス・マリンズ『民間が所有する中央銀行』秀麗社）。

もっとも、ロシア革命礼賛が「対独宣戦布告スピーチ」において行われた理由は、「帝政ロシアが打倒されて民主主義国となったので、アメリカは民主主義陣営に参加してドイツ帝国の専制国家と戦う大義ができた」という事情もあったと思われます。

しかし、単に便宜上のレトリックとして、ウィルソン大統領はロシア革命を礼賛したのではありません。このように手放しでロシアを称賛するに当たって、理想主義の政治学者であったウィルソンが、血の粛清が行われていたロシアの現状を十分に把握していたかには疑問が残ります。

大統領ですから、世界情勢の様々な情報がもたらされることは間違いないでしょうが、問題は「誰が情報を整理してウィルソン大統領に伝えたか」です。当時、大統領へ上げる諸情報を管理していたのは、側近のエドワード・マンデル・ハウス大佐（1858～1938年）です。ハウス大佐がウィルソンにロシアの状況について説明していたということです。

ハウス大佐は誰もが認めるウィルソン大統領の側近ナンバーワンでした。ウィルソンは「ハウス大佐は私の分身である」とまで言い、ホワイトハウスの一室に執務室を与えるほどでした。

ところで、ハウス大佐とは何者なのでしょうか。彼を理解することが、ウィルソン大統領の対外政策を理解することになります。

多くの人は「アメリカの国策は大統領が決めている」と思っていますが、そうではありません。ウィルソン大統領の下にある広報委員会に勤務していた〝広報のプロ〟であったエドワード・バーネイズは、『プロパガンダ』（成甲書房）でアメリカの真の支配者は目に見えない存在であることを指摘しました。バーネイズは「直接的にはアメリカのメディアを支配している勢力がアメリカの真の支配者である」ということを指摘したのですが、同時に「目に見えない勢力が大統領を動かしている」ことを暗示しています。

ということは、アメリカを動かしているのは、大統領や国務長官といった政治家ではないことを意味しています。つまり、ウィルソン大統領を操っていた人物が誰であるかを理解することが、アメリカの対外政策を理解することに繋がるのです。

大統領を陰で操る男、ハウス大佐

ハウス大佐の来歴は不明な部分が少なくありません。ハウスの父親はイギリスからの移住者で、テキサス州で綿花栽培を行っていました。その後、ロンドンのロスチャイルド家の代理人として金融業にも携わるようになりました。かくして、息子のハウスもロスチャイルド家との関係ができたのです。

ハウス大佐はテキサス州のオースチンで、州や地方の選挙関連の仕事に従事していましたが、軍歴があったかどうかについては疑問視されています。ハウスはテキサス州知事の助言者として活動していましたので、テキサス州知事への何らかの政治的貢献に対する返礼として、〝大佐〟と呼ばれるようになったのでしょう。一種の政治的見返りと言えるものです。大佐と呼ばれるようになった経緯そのものよりも、ハウスがテキサス州知事の助言者として活動していたことが、後のウィルソン大統領に対する助言者の役割と類似していることに、私は興味を惹《ひ》かれます。

なぜ、このようなエピソードをあえて書いたかというと、ハウス大佐は自ら表舞台に出るのではなく、有能な人物を通じて、あるいはその陰に隠れて何らかの政治的工作をするのに長《た》けていたということを強調したいからです。悪く言えば、「表の人物を陰で操ること」「自らの傀儡《かいらい》にしてしまうこと」に才能があったと言えるわけです。

それと同時に、ウィルソン大統領のほうでも、ハウス大佐を通じて伝えられる自分を大統領に就かせてくれた勢力の意向に従って、具体的政策を行わなければならなかったのです。

このようなキングメーカーと大統領との関係が、フランクリン・ルーズベルト大統領の時代や、第二次世界大戦後においても基本的に継続していることに注意を払う必要があります。ハウス大佐は、キングメーカーと大統領との間の忠実な〝橋渡し役〟を演じていたのです。

国家の上に〝普遍的価値〟を置くイデオロギー

もう一つ重要な点は、ハウス大佐は「社会主義者」であったということです。ハウス大佐は政治小説『統治者フィリップ・ドゥルー』を書きましたが、この小説は社会主義社会の姿を描いています。

ハウス大佐は小説が趣味で書いたのではありません。この小説の内容は将来のアメリカ政府がとるべき政策の詳細な計画であって、「累進所得税」「失業保険」「社会保障」「弾力的な通貨制度の導入」などが予言されていました。ハウス自身によれば、この計画は「カール・マルクスによって描かれた社会主義の実現を目指したもの」だったのです（ユースタス・マリンズ前掲書）。

この小説に書かれた内容が、ウィルソン政権とルーズベルト政権によってとられることになる政策の下敷きとなりました。この本にある弾力的な通貨制度は、後に「連邦準備制度」という民間銀行家が株主となる「アメリカ中央銀行」となって結実します。

ハウス大佐はこの小説の中で、「当時の資本主義社会が非効率であり、機会不平等の結果、富める少数者と貧しい多数者の間に広範な格差が存在している」と指摘するとともに、「傑出した独裁者が出現して急進的な社会主義社会を建設する」とのシナリオを書いているのです。これこそ、資本主義を否定し、独裁者による理想社会の現出を唱える「マルクス主義イデオロギー」そのものでしょう。

そのようなハウス大佐はアメリカの金融勢力を代表する、「シフ家」「ウォーバーグ家」「カーン家」「ロックフェラー家」「モルガン家」の信頼を受けていました。やはり、ハウスはホワイトハウスと国際金融家たちとの仲介役だったのです。

社会主義者の一番の特徴は、「国際主義者」であるということです。国際主義とは「国家の上に彼らの言う〝普遍的価値〟を置くイデオロギー」です。したがって、国家を軽視、ないし無視する傾向が強くあります。私たちは誤解しがちですが、大資本家は社会主義者なのです。

なぜなら、大資本家（特に「国際金融資本家」）は国家意識というものがありません。国際金融の論理の必然として、大資本家は自らの国境を越えるビジネスに対する国家の介入を極端に嫌うのです。連邦準備制度の下に作られた「連邦準備銀行」の株主は、欧米の国際金融資本家たちでした。

連邦準備制度設立の立役者ポール・ウォーバーグ（1868〜1932年）はドイツ系ユダヤ人の移民で、ハウス大佐と昵懇《じっこん》の間柄でした。ウォーバーグのワシントンの代理人がハウスだったのです。

当然、ウィルソン大統領はハウス大佐を通じてウォーバーグの助言を受けていました。連邦準備制度設立の関係者は、すべて国際主義者、すなわち社会主義者でした。ウィルソン大統領は社会主義者に囲まれていたのです。

大資本家は社会主義者である

ハウス大佐や国際金融勢力だけではありません。「ジャーナリストの鏡」とわが国でも持てはやされていたウォルター・リップマンは、ウィルソン大統領直属の広報委員会のメンバーとして、先に述べたバーネイズたちとともにアメリカ世論を「対独戦争賛成」に誘導する工作に携わりました。

イスラエルで発行された『ユダヤ人名事典』によると、「リップマンは、最初は社会主義者であった、次にリベラルとなり最後はネオコンになった」ということです。そして、「彼は終生国際主義的外交の支持者であった」とも書かれています。

ここからわかることとは、「リップマンは主義主張を次々と変えていった」ということではありません。まったく逆で、「社会主義も、リベラルも、ネオコンも根っこは同じ」ということを示しているのです。これらの共通項が、国際主義なのです。要するに、社会主義も、リベラルも、ネオコンも「国際主義イデオロギー」だということです。

実は、この点は今日の国際情勢を理解する上でも極めて重要です。私たちは、ソ連の崩壊や中国の変身によって、「社会主義はこの世から消滅した」と思いがちですが、そうではありません。現在も活躍中の、アメリカのネオコン勢力は社会主義者なのです。ここでは「ウィルソン大統領の有力な取り巻きは社会主義者だった」ということを覚えておいてください。あとで出てくるキングメーカーの大富豪バーナード・バルークも社会主義者です。なぜ、大資本家が社会主義者なのでしょうか。大富豪のビジネスは一国の国境に左右されません。〝世界全体〟が対象となります。そうすると、アメリカという国家や国民の利益を考えてビジネスをする意味はなくなります。むしろ、「国益などという発想自体忌避《きひ》するべき」と考えるのです。バルークはユダヤ系ですが、祖国を持たないユダヤ思想は国際思想なのです。

その他多くのユダヤ系の富豪たちは、ロシア革命を支援しました。その理由は先に述べましたが、ロシア革命がユダヤ革命であったことに加え、共産主義（社会主義）は国際主義だからです。ここで一点お断りしておきますが、今後は共産主義と社会主義を同じ意味で使います。両者は学問的に定義すれば異なるのですが、両者の本質が国際主義である点を重視して、本書では同じ意味で使うことにします。

以上の説明で、ウィルソン大統領がなぜロシア革命を称賛したか、読者の皆様方には明らかになったことと思います。ウィルソン大統領は「理想主義者」と言われていますが、それだけで共産主義革命を礼賛することにはならないと思います。ハウス大佐の進言、したがってキングメーカーたちの意向があってのことだと私は確信しています。

このように、「アメリカの政策を社会主義者が握っていた」ことを、歴史家や政治学者はもっと重視すべきです。「ウィルソン大統領が彼の持論の理想主義を振りかざしてアメリカ外交を主導した」と私たちは教科書で習いましたが、真実は真逆です。ウィルソンは社会主義者の取り巻き連中に支配された傀儡大統領だったのです。

なるほどウィルソンには一つの理想があり、野心もあったでしょう。しかし、それ故に利用される羽目になってしまったのです。政治家には野心は必要でしょうが、野心は他人から利用される危険があることを絶えず心にとめて行動する必要があります。そのことを、ウィルソン大統領の例は示しています。

スキャンダルを種に脅迫されていたウィルソン

読者の方々は、「ウィルソンがたとえバルークたち大富豪に大統領にしてもらったと言っても、いったん大統領になってしまえば自らの政策を実現できるのではないか」と思われることでしょう。その可能性は皆無ではありませんが、もう一点ウィルソン大統領には弱点がありました。それは、「女性とのスキャンダルを彼らに握られていた」ことです。

この種の話は尾ひれがつきがちで様々な説がありますが、重要な点はスキャンダルの微細な内容自身よりも、ウィルソンがスキャンダルを種に脅迫されていたという点です。事件の概要は以下の通りでした。

ウィルソンがプリンストン大学総長時代に親しくしていたペック夫人の息子が金銭トラブルに見舞われました。彼女には支払えないほどの大金が必要だったので、サミュエル・ウンターマイヤーという腕利きの弁護士を雇い資金調達を依頼したのです。

ウンターマイヤーはニューヨークの有力法律事務所「グッゲンハイマー、ウンターマイヤー、マーシャル」のパートナー（共同経営者）でした。ウンターマイヤーの実力は、彼の死亡記事が「ニューヨーク・タイムズ」の第一面に六段にわたり掲載されたということに如実に表れています。

ウンターマイヤーの名を一躍有名にしたのは、1912年に下院銀行通貨委員会の通称「プジョー公聴会」を指揮したことです。プジョー公聴会とは、当時議会に提出されていた、いわゆる「連邦準備法」として結実する法案に関する公聴会でした。参考人として喚問された人物は、アメリカ金融界を牛耳《ぎゅうじ》っていた金融資本家たち、すなわちJ・Pモルガンやジェイコブ・シフ、その他アメリカの有名な国際銀行家たちでした。

しかし、ウンターマイヤーの巧妙な仕切りによって、出席議員たちは彼らにまともな質問をすることができなかったのです。ウンターマイヤーがこれら国際銀行家の利益を代表していたことは、国際銀行家に批判的な議員が誰も出席しなかったことからも自明です。

このエピソードは、ウンターマイヤーが金融資本家たちの仲間であったことを物語っています。なお、法律事務所のパートナーのルイス・マーシャルは、アメリカのユダヤ社会のリーダーの一人で、ユダヤ人の人権擁護のために活躍し、後にパレスチナにおけるユダヤ国家樹立運動にもかかわりました。

ルイス・マーシャルは『ユダヤ人名事典』にも載るほどの傑出したユダヤ人と見なされていました。このような事実からも、マーシャルと共同経営者を務めたウンターマイヤーが、腕利き弁護士であることが十分裏打ちされます。

狙われた「最高裁判事」のポスト

さて、そのウンターマイヤーはウィルソン大統領の選挙資金の大口寄付者の一人でした。彼はウィルソン大統領と面会して、依頼人であるペック夫人の実情を話し、「25万ドルと引き換えにウィルソンからペック夫人に宛てた手紙を返還する。だが、手紙を買ってもらえなければ別人に手紙を渡す」と脅迫したのです。

ウィルソン大統領は金銭の支払いの代わりに「最高裁判事に欠員が生じたときには、その後任にはウンターマイヤーが推薦する人物を充てる」ことで交渉が成立し、本件は幕が引かれました。

後に、1916年に最高裁判事に推薦されたのはルイス・ブランダイス（1856〜1941年）でした。なぜ、ブランダイスが推薦されたのでしょう。ブランダイスはジェイコブ・シフが共同経営者であるクーン・ローブ商会の弁護士でした。ブランダイス、ジェイコブ・シフ、ウンターマイヤーは皆仲間だったのです。国際銀行家とその弁護士という関係でした。ブランダイスは「国際銀行家の代理人」として最高裁判事に送られたのです。

ブランダイスはウィルソン大統領によって約束通り最高裁判事に任命され、アメリカ連邦最高裁判所における最初のユダヤ人判事となりました。ブランダイスのもう一つの顔はアメリカのシオニズム運動の指導者というものです。ちなみに、ブランダイスがシオニズム運動の指導者であったことが、（後に述べますが）アメリカが第一次世界大戦に参戦した真の理由を解明する鍵になります。

それはともかく、このように、アメリカ司法界で最高の権威を持つが故に、「公平」「公正」に選ばれなければならないアメリカ連邦最高裁判所判事の人事が、スキャンダル取引の対象にされたことは、アメリカ司法の歴史に大きな汚点を残したと言わざるを得ません。逆に言えば、ウィルソンのキングメーカーたちにとって最高裁判事はどうしても手に入れたいポストであったことが窺えます。

また、アメリカの一流の弁護士がウィルソン大統領を脅迫していたという事実は、アメリカ政治の裏面を見る上で興味深い事例です。私たちは、アメリカ政治が民主主義といったきれい事で動いているわけでは決してないことに改めて留意しておく必要があります。

Ⅲ 日米対立へ

アメリカが「第一次世界大戦」に参戦した理由

先に指摘したように、「ブランダイスがアメリカのシオニズム運動のリーダーだったことが、第一次世界大戦へのアメリカの参戦を巡る国内の論争に決定的な影響を与えた」と言えるのは、どうしてでしょうか。

その理由を単純化するとこうです。イギリスがパレスチナにユダヤ人の国家の樹立を認めるならば、アメリカはイギリス側に立ってドイツに参戦するという取引です。より厳密に言えば、「イギリス政府がパレスチナにおける〝ユダヤ国家の成立〟を約束するなら、シオニズム運動を主導するユダヤ人たちはアメリカ政府に参戦するよう圧力をかける」ということでした。

この取引は成立し、アメリカは１９１７年４月にドイツに参戦します。同年11月にこの取引は「バルフォア宣言」として公表されました。

バルフォア宣言とは、イギリス外相アーサー・バルフォアがパレスチナ入植運動を推進していたロンドンのロスチャイルド卿に対して、パレスチナの地にユダヤ人の故郷（ナショナル・ホーム）を作ることを約束した書簡のことです。

第一次世界大戦におけるアメリカの参戦への道筋をつけるために、二つの対策がとられました。第一は、ドイツとの戦争に反対していた国民世論対策です。この役割を担ったのは、先述した大統領直属の広報委員会でした。広報委員会で活躍したウォルター・リップマンやエドワード・バーネイズはアメリカ世論を「反ドイツ」に誘導するために、ドイツ軍のベルギー人に対する残虐行為の報道を利用しました。

アメリカのメディアは、ドイツ軍がベルギー人の女性や子供を残虐な方法で虐殺したとする捏造《ねつぞう》報道を行い、アメリカ世論が一挙に反ドイツに硬化したのです。この捏造報道がメディアを支配していた国際金融勢力によって意図的に行われたことは、改めて言うまでもありません。

第二の対策は、パレスチナ問題の重要性をウィルソン大統領に理解させることでした。ブランダイス最高裁判事はウィルソンにユダヤ人のパレスチナ入植の意義を強調し、それを実現するためにはイギリスがこの戦争に勝利することが必要だと説いたわけです。なぜなら、当時ドイツの同盟国オスマントルコがパレスチナを支配下に置いていたからです。

このようにブランダイスがウィルソン大統領を動かしたことが、アメリカが第一次世界大戦への参戦を決めた最大の要因だったのです。ブランダイスに協力して、ウィルソンの分身であるハウス大佐がパレスチナ建国の意義をウィルソンに説いたことは言うまでもないことでした。

第一次世界大戦後のベルサイユ講和会議において、個別問題を討議する委員会の一つとして「中東委員会」（要するに、パレスチナにおけるユダヤ人国家建設問題）が置かれたことが、このような取引があった事情を裏書きしています。

ニューディール政策とブランダイス判事

後にフランクリン・ルーズベルト大統領の下で行われた「ニューディール政策」は、その社会主義的性格の故にアメリカ憲法に違反しているとして裁判になり、最高裁まで争われましたが、ブランダイス判事はほとんどのケースでニューディール政策を支持しました。

ニューディールの政策立案者の多くはユダヤ系で、なかでも高名なのはベンジャミン・コーエンです。コーエンはハーバード大学でブランダイスとフランクファーター（後述）

に学び、国際連盟ではパレスチナにおけるユダヤ国家樹立のために活躍しました。

その後、フランクファーターの助言によりルーズベルト大統領のブレーントラストの一員となり、私たちが教科書で習ったニューディールの代名詞とも言える「ＴＶＡ（テネシー川流域開発公社）法」を起草しました。そして、１９３３年にルーズベルトによってＴＶＡの局長に任命されたのが、デイヴィッド・リリエンソールというユダヤ系弁護士でした。その後彼はＴＶＡの総裁に就きます。

なお、リリエンソールは大戦後アメリカの原子力委員会の委員長に就任し、核兵器開発競争を回避するために、原子力の国際管理を提唱するのです。一見、誰も反対できない提案のようにみられますが、国際管理という点に要注意です。原子力エネルギーの国際管理構想が、世界連邦構想の下敷きになっているからです。

わが国の湯川秀樹博士、アルバート・アインシュタイン、バートランド・ラッセルなどがメンバーであったパグウオッシュ会議が、核兵器の一元的管理のために世界連邦を提唱したのと軌《き》を一《いつ》にするものなのです。

このパグウオッシュ会議の開催場所として自らの別荘を提供し、資金援助したのが、リパブリック・スティール・コーポレーションの創設者で「アメリカの鉄鋼王」と呼ばれたサイラス・イートンでした。イートンはデヴィッド・ロックフェラーとともにソ連との貿易を推進した大富豪でした。核兵器の国際管理という一見魅力的な構想を提唱することによって、核兵器のみならず世界を一元的にコントロールする構想を温めていたのです。このような構想を推進する人々を、私は「国際主義者」と呼びます。

話をニューディール政策に戻します。後に改めて検証するように、ニューディール政策はアメリカ経済を社会主義化することが目的だったのです。その役割を主として担ったのはユダヤ系の政治家や弁護士でした。このニューディール人材をリクルートしたのがブランダイス判事と甥《おい》のフェリックス・フランクファーター（ハーバード大学教授／1882〜1965年）でした。アメリカ社会の社会主義化とは、アメリカ社会の国際主義化と同義です。

アメリカのニューディール政策は、資本主義世界を社会主義化する先駆け的な実験でもあったのです。そして、「ニューディール政策を世界に拡大しようとしたのが、第二次世界大戦であった」と言うことができるのです。そう考えると、第二次世界大戦において「ソ連の擁護」と「中国の共産化」を計画したアメリカの社会主義勢力の核の一つとなったのが、ブランダイスであり、フランクファーターであったのです。

ここで、フランクファーターについて述べておく必要があります。オーストリア移民であるフランクファーターは１９３９年にルーズベルト大統領によって、ブランダイスに次ぐ二人目のユダヤ人最高裁判事に任命されました。フランクファーターとルーズベルトのかかわりについて言うと、フランクファーターはルーズベルトがニューヨーク州知事の時代からアドバイザーを務めており、大統領就任後はニューディール政策立法についてルーズベルトに種々助言を行いました。要するに、フランクファーターが助言して成立したニューディール政策の各種法律を、最高裁判事のブランダイスが合憲と判断したという図式が成り立ちます。

また、フランクファーターはルーズベルト政権の主要な人事権を握っていたと言われるほどの有力者で、ルーズベルト大統領もまたウィルソン大統領を操ったのと同じ勢力に操られていたことを示しています。フランクファーターの名前は私たちには馴染《なじ》みが薄いですが、実は彼がアメリカ政府の対日政策に大きな影響力を有していたのです。

満洲事変当時の国務長官として、また大東亜戦争時の陸軍長官として、対日外交の最前線にいたヘンリー・スティムソンはフランクファーターの友人でした。友人というより、フランクファーターの能力を見抜いて育てたのがスティムソンだったのです。

日米関係を悪化させた元凶＝ヘンリー・スティムソン

ここで、スティムソンの略歴について述べることは、本書のアメリカの対日政策の背景を理解していただく上で、意義があると思います。スティムソンがなぜ反日的態度をとったのかのヒントを知ることになるからです。

ヘンリー・スティムソン（1867〜1950年）は、セオドア・ルーズベルト、ウィリアム・タフト、カルビン・クーリッジ、ハーバート・フーバー、そしてフランクリン・ルーズベルトの各大統領の下で要職を務めました。タフト大統領の下で陸軍長官、クーリッジ大統領の下でフィリピン総督、フーバー大統領の下で国務長官、そして、フランクリン・ルーズベルト大統領の下で陸軍長官を歴任しました。20世紀の初めから半世紀にわたり政権の中枢にいたと言えるのです。

セオドア・ルーズベルトの後を継いだタフト大統領の「ドル外交」は、満洲に資本の力で割り込もうと試みて、わが国の利害と衝突する契機となりました。1909年にノックス国務長官が「全満洲鉄道の中立化構想」を一方的にぶち上げたことは、その露骨な表れでした。

この提案には日露が共同して反対し、イギリス、フランスも同調しなかったため間もなく葬り去られましたが、その後の日米関係を占う上で後味《あとあじ》の悪い提案であったことは間違いありません。

スティムソンがタフト大統領の下で陸軍長官に就任したのは1911年ですから、ノックス提案には直接関与していませんが、タフトの非友好的な対日外交がスティムソンの対日観に影響を与えたことは想像に難くありません。また、クーリッジ大統領の下でフィリピン総督を務めた経験から、フィリピン防衛に対する日本の脅威を現場感覚として感じとっていたと言えるでしょう。さらに、フーバー大統領の下での国務長官としての仕事ぶりについては、満洲事変や満洲国建国に関して「不承認主義」を唱えたことで有名です。

フーバー大統領がわが国の満洲における行動に比較的柔軟な姿勢でいたのに対し、スティムソン国務長官は極めて厳しい態度に終始しました。結論を先取りすれば、「もしアメリカが満洲国を承認していたら支那事変も起こらず、また日米戦争も起こらなかった」と言えるのです。満洲国の承認がアメリカの国益に著しく反したとは、常識的には考えられません。その意味からも、スティムソンこそが日米戦争を導いた元凶と言えるのです。

さらに、後ほど詳述する通り、スティムソンはわが国にアメリカ攻撃の第一撃を討たせる、フランクリン・ルーズベルト大統領の日本挑発作戦の当事者の一人でもありました。

スティムソンは共和党員でしたが、共和党分裂の際は新党結成ではなく共和党の団結による再生を支持し、タフトを支援したため、セオドア・ルーズベルトと袂《たもと》を分かちました。しかし、もともとスティムソンを引き立ててくれたのがセオドア・ルーズベルト大統領だったのです。

セオドア・ルーズベルトはスティムソンをニューヨーク州の連邦地方検事に任命しました。そして、ニューヨーク州南部地区担当の連邦地方検事であったスティムソンは、ハーバード大学卒業後のフランクファーターを自らの地方検事事務所に雇ったのです。以後、二人の師弟関係は第二次世界大戦終了まで続くことになります。

1910年にスティムソンがニューヨーク州知事に立候補したときは(スティムソンは落選しました)、フランクファーターは選挙参謀として働き、タフト政権時に陸軍長官になったときには、自ら陸軍省に赴《おもむ》きスティムソンの下で働きました。フーバー政権時の国務長官の際は、国務省に有能な人材を送り込んで、スティムソンの職務遂行を助けました。ルーズベルト政権時代の陸軍長官時には、フランクファーターは連邦最高裁判事としてスティムソンに種々助言し、スティムソンの立場を擁護しました。

スティムソンは思想的には国際主義者でした。実はこの事実が、共和党政権、民主党政権にかかわらず、スティムソンがアメリカを牛耳る真のパワーエリート(国際金融勢力)

に評価された最大の理由なのです。

スティムソンは共和党に対して「国際連盟への加盟」を熱心に説き続けました。共和党のウォーレン・ハーディング大統領候補を支持した理由も国際連盟への加盟へ向けた最善の道と信じていたからだと言われているほどです（レナード・シルク＋マーク・シルク『エスタブリッシュメント　アメリカを動かすエリート群像』ＴＢＳブリタニカ）。九カ国条約やパリ不戦条約を厳格に解釈する弁護士出身のスティムソンが、フランクファーターとの友情を長期にわたって維持したことの持つ意味を、私たちはもっと重視してしかるべきでしょう。

話をウィルノン大統領に戻しますと、１９１３年から１９２１年にかけてアメリカの内外政策にとって極めて重要な分岐点になった時期に、ウィルソンの野心を巧妙に利用した社会主義者たちによって、これらのアメリカの政策が左右されたことに歴史家はもっと注意を払うべきでしょう。

ウィルソン大統領が側近グループに操られていたことによって、何よりもアメリカ国民が大きな被害をこうむりました。アメリカのみならず、わが国をはじめ世界もどれほどの損害を被ってきたことでしょう。歴史の検証とは、このことを指していると言ってもよいくらいです。

アメリカの影の大統領バーナード・バルーク

ところで、ウィルソンはどのようにして大統領に上り詰めることができたのでしょう。アメリカの大統領候補は、偶然に現れるものではありません。いわゆるキングメーカーたちがアメリカ国民の目に見えないところで選抜を行うのです。

1912年の大統領選挙の際に、民主党の大統領候補になったのが当時ニュージャージー州知事であったウッドロー・ウィルソンだったのです。ウィルソンに白羽の矢を立てたのはユダヤ系の大富豪バーナード・バルーク(1870~1965年)でした。このバルークはこの後も何度も本書に出てきます。読者の方々はぜひ彼の名前を覚えておいてください。

ここで、バーナード・バルークという私たちには馴染みが薄いけれども、第一次世界大戦と第二次世界大戦のキーパーソンであった人物について『ユダヤ人名事典』の記述に従い簡単に触れておきたいと思います。

ユダヤ系ドイツ移民の子孫であるバルークは、ニューヨークのウオール街での株取引で巨利を得て、1912年には政治の世界にかかわるようになり、ウィルソンの選挙運動に多額の献金を行いました。

第一次世界大戦勃発の際は「アメリカの軍備増強」を唱え、アメリカの参戦後の1918年には、ウィルソン大統領によってアメリカ産業を戦争体制に動員する戦時産業局の責任者に任命されました。「ベルサイユ講和会議」にはウィルソン大統領の経済顧問として参加し、ベルサイユ講和条約の経済関連条項の作成に携わりました。その後も、歴代の大統領に経済政策の助言を行いましたが、終始民主党の大口献金者でした。フランクリン・ルーズベルト大統領とエレノア夫人の友人であり、アドバイザーでした。

アドルフ・ヒトラーの台頭に対しては、アメリカ政府に戦争に備えるため軍事増強を進言するとともに、戦争準備に関しては友人であるウインストン・チャーチルと緊密に連絡を保ちました。アメリカの参戦後は、戦時内閣の要職を歴任しました。戦後は国連原子力委員会のアメリカ代表を務め、原子力エネルギー管理に関するアメリカ政府の提案を国連に提出しましたが、この提案は採用されませんでした。

以上はバルークの、いわば公式的な略歴で職歴の羅列に近い内容ですが、これだけでも大変興味深い事実が浮かび上がってきます。これらの諸点については、後ほど順を追って説明したいと思いますが、バルークがチャーチルと親しい友人関係にあったことを記憶しておいてください。この事実が、なぜ1941年8月のカナダ・ニューファンドランド沖での米英首脳会議において、チャーチルがルーズベルトに対日戦争を強く迫ったかの理由を説明しています。

チャーチルとバルークの戦争準備には、対ヒトラー戦争のみならず、対日戦争も含まれていたのです。後にも出てくるカーチス・ドールは『操られたルーズベルト』(プレジデント社)の中で、チャーチルは訪米するとルーズベルト大統領に会う前にまずバルークに会っていたことを、別段、驚くべきことではないと述懐しています。確かに、チャーチルとバルークは第二次世界大戦の、いわば「戦友」だったのです。

ちなみに、チャーチルとバルークは1920年代末ごろからすでに緊密な関係にあったようです。バルークが大恐慌の発生する直前の1929年夏、スコットランドなどで行われた欧米金融指導者の会議にチャーチルと一緒に出席していたことを、ドールが同書で明らかにしています。ドールは、バルークとチャーチルが戦争のみならず、大恐慌についても戦友であったことを示唆しているのです。

セオドア・ルーズベルトがウィルソンを大統領に当選させた?

話を大統領選挙に戻します。1912年の大統領選挙は、バルークをはじめウォール街の金融勢力にとっては彼らの長年の夢を実現できるか否かの大勝負でした。したがって、必ずウィルソンが勝つように仕向けなければならなかったのです。ウィルソンの対抗馬の共和党候補は現職のタフト大統領でした。タフトの人気は高く、一地方州の知事にすぎないウィルソンの勝ち目は薄いと見なされていました。

そのような状況の下で、驚くべき事態が発生しました。なんと、共和党出身の元大統領で依然として国民の人気が高かったセオドア・ルーズベルトが、第三党の進歩党から立候補したのです。つまり、彼の立候補によって、共和党は分裂したのです。

セオドア・ルーズベルトの名前は私たちになじみ深いものです。日露戦争後の講和会議を斡旋《あっせん》し、ポーツマス条約締結を仲介してくれた大統領です。その彼が、一旦は引退していたにもかかわらず大統領選挙に立候補したのです。ルーズベルトは自らが選んだ後継者タフトが、いわゆる「ドル外交」によってアメリカの国益を害していることに憤慨して第三党を立ち上げ、立候補したと言われています。

理由はともあれ、共和党が分裂したため、大統領選挙の結果は漁夫の利を得たウィルソンが勝利しました。一般投票では、ウィルソン42パーセント、ルーズベルト27パーセント、タフト23パーセントでした。アメリカ大統領選挙制度は複雑で、一般投票の結果で決まるのではなく各州の選挙人の獲得数（各州で多数を獲得した候補がその州の選挙人をすべて獲得する）で決まる仕組みになっています。

２０１６年の大統領選挙で、トランプが当選した時も、彼は一般投票数ではヒラリーに負けていました。このように、全体の一般投票に勝ったからといって選挙人獲得数で勝ったとはならないケースもあるのですが、一般投票数と選挙人獲得数が大きく乖離《かいり》することはないと見られています。したがって、この一般投票の結果からすれば、もしルーズベルトが出馬していなければタフトが勝っていたと考えられるのです。つまり、本来の共和党対民主党候補の一騎打ちの大統領選挙が行われていたならば、ウィルソンは敗れていたのです。

問題は、「なぜセオドア・ルーズベルトがわざわざ立候補したのか」ということです。先に述べたルーズベルト立候補の理由は素直に受け取ることができません。アメリカ政治においては、二大政党の権威は大変に高く、第三党から出ても勝ち目はないことは最初から明らかだからです。

もうおわかりのように、何としてもウィルソンに勝たせたいバーナード・バルークたちの勢力が、ルーズベルトに立候補するように仕向けたのです。

セオドア・ルーズベルトが本当に愛国者であったならば、共和党を分裂させて民主党に勝たせるような愚行はしなかったでしょう。これから先は、私の想像の域を超えませんが、ルーズベルトはウィルソンのキングメーカーに買収されたのではないかと考えられます。
現に、『操られたルーズベルト』を書いた、フランクリン・ルーズベルトの女婿《じょせい》であるカーチス・ドールは、セオドア・ルーズベルトが買収されていたことを仄《ほの》めかしています。タフト大統領がアメリカとロシアとの関係について、「わが国の一部のシオニスト指導者が表明した政治的願望をあまり理解せず、認めなかった」ので、彼らがウィルソンとセオドア・ルーズベルトの両方を強力に推すことになったと明かしています。

ここで言う「シオニスト指導者の政治的願望」とは何だったのでしょうか。カーチス・ドールは政治的願望の内容には言及していませんが、彼らの政治的願望とは、帝政ロシアで迫害されていたユダヤ人の解放問題であり、またパレスチナの地にユダヤ人国家を樹立することでした。そしてこの願望のうち、ロシアにおけるユダヤ人の解放は１９１７年のロシア革命によって実現しました。そして、第二の願望が、先に述べたようにアメリカが第一次世界大戦に参戦する真の動機となったのです。

それはともかく、ウィルソンに加え彼らのもう一人の候補がセオドア・ルーズベルトだったのです。なお、念のためですが、前掲した『操られたルーズベルト』のタイトルの「ルーズベルト」はフランクリン・ルーズベルトのことです。カーチス・ドールは日本に戦争を仕掛けた彼の岳父《がくふ》フランクリン・ルーズベルトも操られていたことを衝撃的に告白しています。カーチス・ドールの告白については、後に検証するつもりです。

ドルの発給権を手に入れた国際銀行家たち

ところで、この勢力がウィルソン候補との間で行った最も重要な取引は、「アメリカの中央銀行にあたる連邦準備制度法案が議会を通過した際は直ちに署名する」ことでした。ウィルソンは大統領就任後の1913年12月、多くの議員がクリスマス休暇で不在の中で可決したこの法案に、直ちに署名しています。

この連邦準備制度の成立によって、ヨーロッパやウオール街等の民間の銀行家たちが株主である「中央銀行」「連邦準備銀行」が設立されました。中央銀行というのは通貨の発給権を独占していますから、アメリカの通貨ドルの運命はこれらの銀行家たちに握られることとなったのです。この間の事情を詳述する紙幅の余裕はありませんが、興味のある方は拙著『国難の正体』を参照してください。

実は、この民間銀行である連邦準備銀行の設立が後にアメリカの第一次世界大戦への参加を可能にし、また1929年の大恐慌とも絡んでくるのです。通貨発給銀行である連邦準備銀行のお蔭で、アメリカ政府は戦争準備に必要な軍備増強や連合国に対する戦争融資が可能になりました。もっとも、連邦準備銀行が発給するドルはアメリカ政府の負債になるのですが。

ただし、アメリカ政府はこの負債の返済を心配する必要はありませんでした。連邦準備制度法の成立と同時に、連邦所得税法も成立したからです。アメリカ国民が戦争資金を支える体制ができ上がったのです。

1929年の大恐慌の関係で言うと、連邦準備銀行は大恐慌が発生したにもかかわらず通貨供給量を縮小しました。当然、不況は長期化することになります。不況時は通貨供給量を増やして景気を刺激するのが筋ですが、連邦準備銀行はあえて不況を長引かせる金融政策をとったのです。時のフーバー大統領が通貨供給量の増大を要請しても、彼らは不況を悪化させないためには緊縮財政こそ望ましいと詭弁《きべん》を弄して応じませんでした。

その理由は後に判明しますが、連邦準備制度を支配する国際銀行家たちは、次の大統領をフランクリン・ルーズベルトにすることを決めていたのです。現に、ルーズベルトが大統領に就任するやいなや、連邦準備銀行は通貨供給を増やします。やがて、後述するように資金の大盤振る舞いであるニューディール政策が行われることになるのです。

国民に不人気だったウィルソン大統領

ところで、1916年の大統領選挙でウィルソン大統領は再選されましたが、これも実は共和党の事実上の分裂のお蔭なのです。それほど、ウィルソンは人気のない大統領でした。私たちが、「理想主義の権化」の大統領などと高く評価しているイメージとはかなり異なっています。

通常、現職大統領は再選される確率が高いのです。現職で再選されなかったのは、最近ではジョージ・H・W・ブッシュ大統領（1992年の大統領選挙）やジミー・カーター大統領（1980年の大統領選挙）がいますが、オバマも、息子ブッシュも、クリントンも、レーガンも危なげなく再選されています。ウィルソンが有利な現職であるにもかかわらず、共和党の一部の裏切りがなければ敗れていたことは、いかにウィルソン大統領の国民的人気が低かったかを示しています。トランプ大統領も再選されませんでしたが、これは不正選挙によるものでした。詳しくは拙著『2022年世界の真実』（ワック）をお読みください。

ともあれ、この時は、進歩党の候補が出馬したのではなく、かなりの票田（13人の選挙人を有する）のカリフォルニア州選出のハイラム・ジョンソン共和党上院議員が共和党のヒューズ候補に反旗を翻《ひるがえ》しました。ジョンソンは進歩党系路線の擁護者で同州の共和党主流ではなかったのです。ヒューズ候補から無視されたというのがその理由でした。

結局、カリフォルニア州を僅差で制したウィルソンが勝利します（２７７票対２５４票）。もし、カリフォルニア州がヒューズ候補に行っていたら、２６４票対２６７票でウィルソンは敗れていました。いずれにせよ、私たちは偉大な大統領というウィルソンの評価を変える必要がありそうです。

ウィルソン勝利の最大の立役者ハイラム・ジョンソンの名前は私たちには知られていませんが、記憶しておかなければならない人物です。なぜなら、ジョンソンがカリフォルニア州知事であった１９１３年に、「外国人土地所有禁止法」が成立したからです。

ジョンソンはカリフォルニア州における日本人排斥運動の中心的人物でした。皮肉なことに、アメリカの政界ではこのような人種差別主義者が「進歩主義者」に分類されているのです。

ジョンソンが労働運動にも関心が深かったことは進歩主義に値するかもしれませんが、その進歩主義が同時に人種差別主義と結びついていました。「共和党内の進歩派」とは、何とも胡散臭《うさんくさ》い存在であるとの印象をぬぐえません。今でいえば「ネオコン」に当たるでしょう。

Ⅳ 「共産ロシア」に対する日米の相違

「シベリア出兵」の怪――アメリカは日本軍の活動を妨害した

ウィルソン大統領は日本に対して冷淡でした。また、後に述べるフランクリン・ルーズベルト大統領も日本を蔑視《べっし》していました。第一次世界大戦時と第二次世界大戦時のアメリカの大統領が、日本に対する人種差別主義者であったことは、日本にとってのみならず世界にとっても悲劇でした。

ウィルソン大統領の日本に対する最大の仕打ちは、「ベルサイユ講和会議において日本が提案した人種差別撤廃提案を無理やり葬り去ったこと」、および「シベリア出兵時のアメリカの日本に対する裏切り」でしょう。

シベリア出兵がなぜ行われたかを理解するために、その背景を説明しておく必要があります。第一次世界大戦時に、枢軸国のオーストリア・ハンガリー帝国下のチェコ兵部隊は東部戦線においてロシア軍と対峙《たいじ》していました。ところが、オーストリアからの独立を目指すチェコ部隊はロシア側に寝返って連合国の一員としてドイツなどの枢軸軍と戦い始めました。

しかし、ロシア革命が起こったため、ロシア革命政権はドイツと単独講和を結び戦線から離脱してしまいます。そこで、チェコ軍部隊はドイツと戦うためにシベリア鉄道で太平洋まで出て、西部戦線の連合国側と一緒に戦うこととなり、5万のチェコ軍がウラジオストックを目指し移動を始めたのです。

このシベリア鉄道での移動中、チェコ軍と捕虜を移送中のロシア軍との間で小競り合いが発生。これがロシア革命政府側との大規模な戦闘に発展しました。ここに、チェコ軍救出の必要が発生して、連合国側の共同出兵の動きが出てきたのです。

シベリア出兵に関する日本の歴史教科書の記述は余りに事実から遊離しています。例えば、「ロシア革命後の内乱時期にシベリアに取り残されたチェコ軍救出を名目にして、1918年8月に日本は米英仏とともにシベリアに出兵した。しかし、米英仏が撤退した後もシベリア東部に勢力を及ぼそうと企んだ日本は、1922年まで駐留を続けたが、それは多数の死傷者と戦費を浪費しただけの無益な出兵であった」、というのが平均的教科書の評価だと思います。

しかし、この評価はまったく間違っています。日本が撤兵を遅らさざるを得ない重大な理由があったのです。歴史教科書はこの事情についてまったく書いていません。意図的に日本を誹謗するという魂胆《こんたん》が見え見えです。

また、シベリア出兵を巡るアメリカの対日態度の本当の意味を教科書はまったく説明していません。しかしながら、アメリカのシベリア出兵に対する隠された意図を理解することが、アメリカの驚くべき正体を暴露する重要な鍵になるのです。日本の多数の歴史学者も軽視するシベリア出兵の実態をこれから解明したいと思います。

そもそもの発端はチェコ軍救出とは関係がありませんでした。ウラジオストックに保管されていた大量の軍需品がドイツの手に渡るのを防ぐために、イギリスが同盟国の日本に対し、「連合国を代表してシベリアへ派兵」するよう要請してきたのです。

このイギリス提案にフランスが賛成し、アメリカに対しても同様の提案が行われました。これに対し、アメリカのウィルソン大統領はロシア革命政府に対する一切の干渉に反対し、特に日本が単独で出兵することには断固反対の意向を示したのです。

ここで考えてほしいのですが、なぜウィルソン大統領はロシア革命政府に対する干渉に反対したのでしょうか。アメリカは一年前に対独戦争に参戦していました。通常なら、ドイツに有利となるような行動は避けるはずです。しかし、アメリカはすでに対独戦線から離脱したロシア革命政府を守るほうを優先したのです。

これらの動きに対して、日本は慎重に対応していました。ちなみに、私たちが記憶しておくべきことは、外国からの派兵要請に対する日本の慎重な姿勢です。第一次世界大戦勃発後、イギリスは日英同盟の好《よしみ》もあって日本に参戦を要請してきました。これに応えて、日本はドイツに参戦しましたが、行動範囲は中国国内のドイツ租借地域とドイツ領南洋諸島に限っていました。

その後、イギリスなどから日本陸軍を欧州に派遣するよう要請がありましたが、「日本の国是は日本領土の防衛である」として、度重なる要請にもかかわらず欧州への派遣を拒絶しました。さらに、イギリスは日本艦隊の地中海派遣を要請してきました。イギリスはその後何度も派遣要請してきましたが、わが国は断り続けました。最終的には、ドイツの無制限潜水艦作戦によってわが国の客船が撃沈される事件が増えたこともあり、1917年2月にようやく巡洋艦などを地中海方面に派遣したのです。

学校教科書が「日本は第一次世界大戦にヨーロッパ諸国が忙殺されているどさくさに紛れて参戦して勢力を拡大した」などと日本を貶める記述をして恬《てん》として恥じないことを、もう私たちは許すべきではありません。これらの教科書は歴史を改ざんしているのですから。

いやしくも、学校教育は前途洋々たる子供たちと正面から向き合う教師にとって神聖な場であるはずです。このようなモラルの欠如した教科書で学んでいるから、モラルに欠ける教師が生まれ、モラルに欠ける生徒が拡大再生産されているのです。これはイデオロギーの問題、つまり教師の思想信条の自由という理由で片づけてよいことではありません。子供たちに対する愛の欠如の問題です。

もし、日教組の先生方や教科書会社、教科書執筆陣が日本人生徒の道徳を劣化させようとの意図に基づいて教育を行っているとしたら、これは国家反逆の罪に値する犯罪的行為と言えます。

さて、話を戻しますと、最初のシベリア出兵要請に対しては、日本はアメリカとの協調なしに出兵するのは危険を伴うと考えて、「日本は常に連合国共同目的のために貢献を行う用意があるが、それは全部の連合国の全幅の支持に依存する。故に日本は米国と他の連合国間の了解が成立するまでいかなる行動をとることも差し控える」と回答したのです(中村粲《なかむらあきら》『大東亜戦争への道』展転社)。

この例一つをとっても、日本がいかに海外派兵に慎重であったかが如実にうかがえるではありませんか。派兵に慎重ながらも国際貢献の意思は明確にして各国との協調を訴えるという大変威厳のある堂々とした外交文書で、日本人として誇りに感じます。

このようなやり取りの後、事態は大展開します。先ほど述べたシベリアで孤立したチェコ軍救出のために連合国が出兵する必要が生じたのです。ここでまた、先に見たウラジオストックへの派兵と同じやり取りがイギリスや日本、米国との間で行われ、ウィルソン大統領はイギリスなどの説得に応じてアメリカ軍の派兵を承認したのです。かくして、日米など連合軍の共同出兵が行われました。１９１８年8月のことです。

しかし、日米の思惑の違いは間もなく明らかになりました。日本はロシア共産主義を危険思想と認識していたのに対し、アメリカはロシア共産主義政権といえども帝政を倒したことで民主主義政権であると見なしていたわけです。

さらに言えば、ウィルソン大統領の側近たちの中にはロシア革命に資金援助をした金融資本家が含まれていたのです。したがって、ウィルソン大統領というよりこれら側近勢力の意向で、シベリア出兵したアメリカ軍の行動が規制されていたと考えられるわけです。つまり、アメリカ軍はチェコ軍救済の名目の下にロシア革命軍を守るために出兵したのに対し、日本軍はロシア共産政権の勢力拡大を防止するために出兵したのです。

このように日米は真逆の意図で出兵したのですから、両者の共同行動がうまく行くはずがありません。アメリカは１９２０年1月に突如撤兵してしまいます。これは日本に対する背信行為とも言えるものでした。前記の中村粲氏は「極東露領が赤化することは、わが国にとっては満洲・朝鮮への重大脅威を意味したのであるが、太平洋を隔てた米国にとっては対岸の火事でしかなかった」と指摘しておられます。

しかし、前述したウィルソン政権の正体を見れば、アメリカにとっては対岸の火事どころではなく、自分たちが支援して作り上げたロシア革命政府を存続させなければならないという切実な状況にあったと言えるのです。つまり、ウィルソン大統領の取り巻きは、極東ロシアが共産勢力の支配下になることを画策していたのです。そのためのアメリカ軍のシベリア出兵でした。

もっとも、当時のアメリカ人の多くがロシア革命に猜疑心《さいぎしん》を持っていたことは想像に難くありません。中村氏も引用しておられるように、ロバート・ランシング国務長官自身が日本の危機認識に理解を示すとともに、「極東へのボルシェビズムの蔓延は文明への恐るべき脅威」だと見なしていたのです。

このように、アメリカ国内では閣僚も含めロシア革命政府には懐疑的であったのです。問題は、ウィルソン大統領を操っていた勢力こそ、ロシア革命家の支援者であったという歴史の逆説です。

この歴史の逆説を当時の日本が十分理解できなかったことが、結局、満洲や支那大陸を巡ってアメリカとの摩擦を解決できなかったことに繋がるのです。ウィルソン大統領時代のアメリカは、事実上、社会主義国ソ連の友好国だったのです。

ニコラエフスク邦人虐殺事件

チェコ軍が無事ウラジオストックに到着したこともあって、ここに救出問題がほぼ解決されました。そこで、日本はシベリアからの撤退方針を表明しました。1920年初頭のことです。しかし、ここで思わぬ事件が発生しました。ニコラエフスク（尼港《にこう》）在住の日本人居留民と軍人700人余が、共産パルチザンに惨殺《ざんさつ》されるという大惨事が起こったのです。ニコラエフスクは、北樺太の対岸、黒竜江《こくりゅうこう》がオホーツク海に流れ込む河口に位置する人口1万2000人の町でした。

事件の顛末《てんまつ》は概ね次の通りです。連合軍がニコラエフスクから撤兵すると、ロシア人、朝鮮人、中国人からなる4000人の共産パルチザンが同市を支配しました。共産パルチザン勢力は革命裁判と処刑を強行し、さらには日本人居留民保護に当たっていた日本の守備隊を襲撃して大半を戦死させ、さらに居留民を投獄、日本軍の援軍到着を前に日本人をことごとく虐殺したのです。共産主義に懐疑的な市民も同様に虐殺されたため、ニコラエフスク市の人口は半減しました。

「虐殺」と一言で書きましたが、とても人間の仕業とは思えない残忍非道な事件でした。具体的な惨劇の状況については、事件を目撃した日本人海軍士官の手記や、事件後現場を視察した従軍記者による視察記などで広く日本人に知られるようになりましたが、とてもここで筆にできるような内容ではありません。

これらの手記や視察記から窺えることは、740人もの日本人が老幼男女を問わず、冷酷無悲な共産パルチザンの手にかかり、凌辱《りょうじょく》、残虐の限りを加えられたのです。「世界に人道の存する限り、いかなる歴史家といえども到底これを筆にすることはできないであろう」と言われるほどでした（中村粲前掲書）。この事件は共産革命分子が宿命的に持つ残虐性を語って余りありません。

この悲惨な事件の解決までの間、わが国は北樺太を保障占領することとなり、シベリア撤兵は当初の予定から大幅に遅れることとなりました。この虐殺事件はその後の中国大陸における済南事件や通州事件等の日本人虐殺事件の嚆矢《こうし》であり、当時の日本人の間に共産ロシアや共産主義に対する強烈な反感を呼び起こしたのです。

外国における居留民の保護は国家の義務であり、同様の日本人居留民虐殺事件を防止するためにわが国がシベリアからの撤兵を見送らざるを得なかったのは当然のことでした。

この事件は、ソ連を称賛する日本の学者にとっても説明に苦慮する事件であったことが窺えます。例えば、標準的なロシアの通史である『ロシア史（新版）』（岩間徹編。山川出版社）を取り上げてみましょう。このように書かれています。

「ニコラエフスク事件が明るみに出ると、日本軍はこれを口実に居すわりを続け、北サハリンをも新たに占領した。事件は、コルチャーク（著者注：反革命軍の将軍で一時期全シベリアを支配するほどであった）の敗北後、市内に入ったトリャピーツインのパルチザン部隊の援助でこの北辺の町の朝鮮人居留民が武装したのに恐怖した日本軍駐屯部隊が、まったく無謀な攻撃をパルチザン軍に加え、かえって全滅したところに始まり、日本軍の大群の接近の前に、町を完全に破壊して去るトリャピーツイン軍が日本人居留民を殺害して去ったというものである」

どう思われたでしょうか。「日本人居留民虐殺」を「日本人居留民殺害」と矮小化《わいしょうか》していることに気づかれたと思います。また、文章全体がまるで日本軍駐留部隊がパルチザン側に攻撃を仕掛けたように書かれていますが、これは悪質な捏造です。すでに述べたように、ニコラエフスク市を共産パルチザンが支配しており、日本人居留民に対する逮捕、裁判、処刑が行われていたのです。

このような記述は、パルチザン側の説明かと読み間違えるほど、事実を歪曲《わいきょく》したものです。この後70年でソ連が崩壊したことを、同書の著者はどう考えているのでしょうか。

　このように、重要な史実を無視して「日本軍は領土的野望のためにシベリアに居座った」と一方的に捏造して日本を貶めるわが国の歴史書や教科書執筆者は、一体どのような素性の人物なのでしょうか。今日の世界においてこのような非道な虐殺を決して許さないためにも、これら執筆者の猛省を促したいと思います。今後大混乱が予想される世界にあっては、日本人であるとの理由から無辜の居留民が虐殺される可能性を決して排除することができないからです。

　例えば、今日において同じような日本人居留民虐殺騒動がとりわけ中国において繰り返される危険が迫っています。昨今、中国の経済成長が鈍化していますが、今後中国政府が混乱の収拾に失敗した場合は、中国経済全体が一挙に崩壊に向かって滑り落ちる危険性があり、そうなれば中国民衆の暴動が発生し、暴動が反政府運動に発展し、反政府運動の矛先をかわすために中国政府が排外主義を扇動する可能性が強いでしょう。その場合、日本人居留民が最初のターゲットになるであろうことは、過去の〝反日暴動〟の歴史からも容易に想像できることです。

共産主義者はなぜ殺人に〝不感症〟なのか

ここで、なぜ共産主義者はこうも残虐非道な殺人を平然と行うことができるのかという問題を取り上げたいと思います。

私たち日本人にとっては殺人という行為は穢《けが》れた行為であって、避けるべきことであることが、いわばＤＮＡにきちっと刻み込まれています。しかし、共産主義者にとってはそうではないようです。

共産主義とはこの地上に搾取《さくしゅ》のないユートピアを建設することを目的とするイデオロギーです。しかし、この目的が彼らが権力を獲得するための方便にすぎないことは、ソ連や中華人民共和国や北朝鮮の例を見ればすぐわかることです。ユートピアを実現するために独裁的権力を保持する必要があるとして、自分勝手な正当化を試みていますが、その欺瞞は今や世界に見抜かれています。

このような思考方法が殺人思考を生むことになっています。私たちは、この点を十分理解しておく必要があります。

「ユートピア社会の実現には既得権益層から種々の抵抗が予想されるので、現在に生きる者たちは将来のユートピア社会のために犠牲になる必要がある」

「今は生活が苦しいが、それは理想の社会を建設するために耐え忍ばなければならない過程である」

このように、多くのロシア人たちは共産主義者にだまされて革命の犠牲を甘受させられたのです。この思考の決定的誤りは、何の保証もない未来のために貴重な現在を犠牲にするという詐欺《さぎ》的手法です。

どのような甘言を弄してもこれが詐欺である理由は、私たちの人生は現在の積み重ね以外にはないからです。未来の社会は、現在の人間の努力の積み重ねによって初めて到来するのです。将来のために現在を犠牲にすれば、永遠に未来は実現しないからです。

現に、ソ連は74年で搾取のない共産主義社会を実現できないまま、完全に消滅してしまいました。74年間国民は犠牲ばかりを強要された末の体制の崩壊です。ユートピア社会実現のために命を擲《なげう》った人々の霊は何も報いられることはなかったのです。

同じ例は、共産中国にも見られます。毛沢東の大躍進や文化大革命の犠牲になった中国人民は6000万人から1億人とまで言われるほどです。これらの犠牲者の霊は、現在の中国共産党の幹部が巨額の蓄財に精を出している光景を見て、何と思っていることでしょうか。中共による虐殺は、今もウイグルやチベットや南モンゴルで続いています。さらには武漢ウイルス拡散によるコロナ死は世界で数百万人を殺したのです。

かつて、映画『キリング・フィールド』にもなったカンボジアのポルポト共産党政権による大虐殺の犠牲者は200万人でした。カンボジアの総人口1000万人の実に5分の

1が消えてしまったことになります。

なぜ、共産主義国においてはこんなにも安易に殺人が行われるのでしょうか。それは、彼ら流の「あるべき未来の建設」というイデオロギーには「現在を無視する」という論理的必然があるからです。未来のみに軸足を置き現在を無視する、結局、道徳を無視する結果となるのです。

私たちは現在にしか生きられません。それにもかかわらず、「未来のために、現在を犠牲にして生きよ」と言われると、現在の倫理秩序、すなわち〝道徳〟を失ってしまう。だからこそ、人間とは思えない残虐性を発揮してしまうことになるのです。問題は、共産主義者が現在の倫理秩序を破壊するために、暴力や残虐行為を是認するどころか奨励したことです。

共産主義思想がなぜ道徳を否定し、殺人行為に走るのかおわかりいただけたかと思います。

Ⅴ　人種差別撤廃と民族自決

ベルサイユ講和会議で世界の理想を先取りした日本

1919年1月からパリ郊外のベルサイユで第一次世界大戦の後始末を話し合う講和会議が開催されました。連合国の一員であったわが国は五大国の一国として講和会議に参加しました。わが国の主張である「山東《さんとう》省のドイツ権益継承問題」と「赤道以北の旧ドイツ領諸島の処分問題」については認められました。

しかし、火種は残ったのです。山東省権益については、中国がわが国の継承に反対し「中国に返還すべきである」として最後まで譲りませんでした。結局言い分が認められなかった中国はベルサイユ条約への調印を拒否したのです。これが、後の中国におけるいわゆる「五・四運動」に発展するのです。また、赤道以北の旧ドイツ領諸島は、国際連盟下におけるわが国の委任統治領となりました。

もう一つの主張であった「人種平等問題」については、わが国は何とか国際連盟規約にその趣旨を挿入しようと努めましたが、採決で多数の賛成（17票中11票）を得たにもかかわらず、ウィルソン大統領は「全会一致を要する」という詭弁を弄して、日本の提案を葬り去りました。とはいえ、世界で最初に人種平等を提案したわが国の姿勢は、歴史に記憶されてよい成果であったと言えます。

ウィルソン大統領がかくも強烈に反対した理由の一つに、「アメリカ国内における黒人問題」があったことは容易に想像できます。加えて、理想主義者ウィルソンとしてはベルサイユ会議の成果を自分の功績にしたいとの野心があったことも間違いないでしょう。自分が見下している日本が人種平等といった理想を先取りする提案を行ったこと自体、ウィルソンの想定外であったのだと思います。少なくとも私たちは、理想主義者ウィルソンの建前と本音の大きな乖離に注目する必要がありそうです。

ウィルソン大統領は有名な「平和14原則」と「民族自決」を唱えました。しかし、アメリカ国内の黒人の自決は認めなかったのです。アメリカが黒人に白人と同等の権利を付与するのは、ベルサイユ会議から45年後の１９６４年の「公民権法」の成立まで待たなくてはなりませんでした。

ここで、民族自決に触れたいと思います。民族自決とは聞こえがよい言葉ですが、ウィルソン大統領の民族自決声明に力を得てバルカン半島や東欧諸国の小国が独立を果たしました。しかし、皮肉なことにこれらの小国の独立がこの地域の不安定化を生み出す結果となったのです。

当然のことですが、民族自決の原則は連合国列強の植民地には適用されませんでした。これでは、民族自決の意味は半減どころか事実上絵に描いた餅になってしまいました。この点は、後に改めて論じる予定です。

ウィルソン大統領は人種平等は認めなかったにもかかわらず、宗教平等を提案して認めさせました。これは矛盾した態度と言わざるを得ません。宗教の平等の狙いは、少数派宗教であるユダヤ教徒にキリスト教徒と同等の扱いをするということです。これによって、ユダヤ人が居住している国において宗教紛争が起こる種をまくことになったのです。実際、キリスト教徒との平等を求める少数民族ユダヤ人との間で軋轢《あつれき》が増大しました。ウィルソン大統領がなぜこのような提案をしたのか、読者の皆様はもうおわかりのことと思います。ウィルソンはユダヤ人側近たちの助言に従ったのです。

以上、ベルサイユ講和会議におけるわが国の主張とそれに関連する問題を見てきましたが、講和会議そのものの最大の目的は、敗戦国ドイツの処分であったことは当然です。ドイツは天文学的な数字の賠償を課されました。そして、このような連合国のドイツに対する無慈悲な態度が、後にヒトラーの台頭を生み、やがて第二次世界大戦へと繋がることになることは、私たちが歴史教科書で学んだ通りです。

しかし、歴史教科書は故意に大変重要な事実を隠して語りません。読者の皆さんはアメリカが参戦した理由を思い出してください。パレスチナにユダヤ人の故郷を建設するためにアメリカは参戦したのです。ベルサイユ会議の数ある委員会の一つが実はパレスチナ問題であったのです。

この委員会への参加者は「シオニズム」を推進するユダヤ人でした。シオニズムとは、かつてのユダヤ王国があったエルサレムのシオンの丘へ帰ろうとの運動のことです。ベルサイユ講和会議で、パレスチナがイギリスの委任統治領となることが決められました。アメリカ（に圧力をかけた世界のシオニズム運動指導者たち）の戦争目的は達せられました。そして、パレスチナにおけるユダヤ人国家樹立問題を監視するのが国際連盟の役割だったのです。

国際連盟の危うさ

ベルサイユ講和会議で設立された「国際連盟」は、いわば最初の国際機関と言えるものです。国際連盟の意義は、「従来の二国間同盟に基づく安全保障体制から、集団的安全保障システムへと移行した」ことです。従来の方式は、バランス・オブ・パワーによる平和です。これが長年にわたるヨーロッパ列強の智慧《ちえ》であって、現実主義的立場と言えます。

これに対し、集団安全保障体制というのは、「全員で全員の安全を保障する」という理想主義的立場と言えましょう。集団安保体制とは、国際連盟加盟国全員が侵略されたメンバー国を守るという新しい安全保障理論に基づくものです。メンバー国同士の紛争の場合は、国際連盟の仲裁手続きに従って平和的に解決を模索することが求められたのです。

現在の国際連合も集団安全保障体制を採用しています。国連のメンバーであるわが国は、国連憲章の下で集団安全保障体制に守られているはずです。しかし、国際社会の現実の中ではこの集団安保体制が機能していないことは、私たちが経験している通りです。

国際連盟ができたからといって戦争がなくなったわけではもちろんありません。むしろ、数々の戦争を誘発する結果となりました。20年後の第二次世界大戦の勃発を見るだけで、集団安保体制が機能しなかったことがわかります。要するに、国際連盟による世界平和の実現は幻想にすぎませんでした。全員で安全保障を支え合うというきれい事は、安全保障に対する無責任体制にすぎなかったわけです。

ところで、国際連盟の画期的意味は実は別のところにあります。それは、「加盟各国が国家間紛争解決の当事者としての主権の一部を国際連盟に移管する」という、歴史上初めてと言ってよい新たな国際秩序の始まりでした。主権国家というものは、他国に主権を侵害されることには強く抵抗します。しかし、国際機関であれば、その抵抗感が薄くなるのです。そういうふうに洗脳されたと言ったほうが正確でしょう。世界平和という誰も反対できない大義名分のために、わが国を含むメンバー国は主権の一部を国際官僚が支配する国際連盟に移譲したのです。

この点は非常に重要で、現在の国連に対する日本人の信奉精神の危険性を理解するために、連盟の陥穽《かんせい》について知っておく必要があります。

国際連盟は「加盟各国は平等である」との原則に基づいて紛争解決のための仲介を行うという建前をとっていました。国家平等という建前は倫理的には正しいのですが、現実的には国家の実力に差がありすぎるので、国際連盟の仲介が紛争の解決に役立った例は小国間の紛争を除いては皆無でした。連盟は小国が大国の紛争に介入できる枠組みを提供したのです。実際に紛争解決に対処する知識も能力もないにもかかわらず、口先だけで介入することを可能にしたわけです。

もう一つの連盟の危険性は、思想的に国境を撤廃する試みであったということです。世界平和という大義を掲げることによって、国家意識や民族感情を捨象《しゃしょう》して、精神的な国際人を作るという魂胆が隠されていたのです。

言い換えれば、ウィルソン大統領の平和主義とは、「世界の平和を国際主義によって担保する」という哲学です。この精神が国際連盟の真髄《しんずい》でした。国際主義とは、「主権国家の上に国際機関を置く」という考え方です。国際連盟は一種の「世界法廷」とも言えるものでした。

このような発想は、実はユダヤ思想です。国家に干渉できる権力を持った機関を作るということは、国家を持たないユダヤ思想の表れなのです。ウィルソン大統領がなぜ国際連盟を熱心に推進したか、おわかりいただけたと思います。つまり、国際連盟はウィルソン自身のアイデアではなく、ウィルソンの側近のマンデル・ハウス大佐、バーナード・バルーク、ポール・ウオーバーグなどユダヤ人の構想だったのです。

「国家を超えた権力を認める」ということは、まさしく新しい世界秩序と言える事態でした。新しい世界秩序なるものは、第一次世界大戦による人類の多大な犠牲の結果として誕生したわけです。この事実を、私たちは十分記憶しておく必要があります。現在の国際連合が成立したのは、第二次世界大戦という悲惨な世界戦争の後でした。

このように、新たな世界秩序というものは、世界的大動乱の後に作られるものなのです。平和時にあっては、誰も新たな秩序の樹立に賛成しないでしょう。しかし、人類が戦争のもたらした言語に絶する悲惨さに茫然と立ちすくむ心理に巧みに訴えて、世界の新しい秩序が打ち立てられることになるのです。

ＩＭＦと世界銀行を核とする「ブレトンウッズ体制」も、第二次世界大戦による各国経済の破壊に懲《こ》りたからこそ、各国が賛成したのです。

「民族自決」を日本非難に利用されてしまった……

先に述べたウィルソン大統領が提唱した有名な民族自決の原則は、戦勝国であったわが国に深刻な影響をもたらしました。第一次世界大戦後、民族自決のスローガンのもとに、旧枢軸国の支配下にあった東欧やバルカン半島において数多くの独立国が生まれました。しかし、この民族自決の原則は欧米連合国の植民地には適応されなかったのです。

また、ソ連邦の構成国に強制的に編入された中央アジアのイスラム国諸国にも適応されませんでした。民族自決によって誕生した諸国は国際連盟の加盟国となりました。彼らは、独立後日が浅かったことや国家として弱体であったことなどから、本来国際連盟での役割には限界があるはずでした。しかし、これらの国の中から、自らと関係ない問題に口を挟んで議論を紛糾させる国が現れました。

なかでも特筆すべきなのは、チェコです。チェコはウィルソン大統領を建国の英雄と称賛する一方で、わが国のかかわる問題にことさら異を唱えてきました。チェコのベネシュ外相は連盟における日本糾弾の急先鋒でした。

日本とチェコとの間には、利害関係はありません。それどころか先に見たように、シベリアで立ち往生したチェコ軍の救出のために、わが国はシベリアに出兵したのです。チェコ軍が無事シベリアを脱出できたのは、日本を含む連合国のお蔭でした。

しかしそのチェコが、わが国の満洲政策に対する批判を繰り返したのです。これはどういうことでしょうか。私には、現在の国際捕鯨委員会において、捕鯨に関係ない内陸国や捕鯨実績のないカリブ海の小国が「日本非難」の急先鋒を務めている事態とダブって見えてしまいます。

その他にも、わが国をことさら強く非難した中小国としてスペインのマダリアーガ代表やベルギーのイーマンス外相などが挙げられます。イーマンスは「九カ国条約ベルギー総会」（1937年）の議長を務め、支那事変について日本に不利な宣言を発出しました。

一般的に言って、国際連盟が中小国に大国と同等の発言権を与えたことは、国際紛争を解決する上で障害になったのです。先に、連盟は小国が大国の問題に介入する枠組みを与えたと述べましたが、特に満洲や支那問題に関して日本や支那に直接利害を有しない小国が口先介入する事態になったのです。

紛争当事国の弱者側に正当な理由もなく味方することは、紛争を長引かせる結果になります。なぜなら、弱者側は味方が増えたことに気を強くして、妥協を遅らせる結果になるからです。現に、満洲事変や支那事変を巡り、国際連盟が直接の利害関係のない中小国の意見に引きずられて中国の味方をしたことが、日中間での解決を不可能にしてしまったのです。

このように見てくると、民族自決とは決して普遍的な理想を実現したものではなく、ある特定の政治目的のために生み出された産物と言えるのです。

民族自決と同様に、紛らわしいものに「民族解放」があります。民族解放は、ソ連とコミンテルンが世界同時革命を実践しようとして唱えた「暴力革命思想」です。実は、ウィルソン大統領の民族自決原則とコミンテルンの民族解放戦争とが同時期に現れたのは、決して偶然ではありません。この二つは連動しているのです。国際連盟は民族自決原則により不安定な小国を合法的に成立させ、世界情勢を不安定化しました。

また、ソ連とコミンテルンは民族解放という暴力革命路線によって、非合法に共産主義国家を樹立しようとしたのです。彼らは民族解放の名の下に、国内における民族同士を対立させて紛争を煽《あお》りました。両方とも、世界を不安定化する要因でした。

「国際主義」を推進するための民間シンクタンク

ベルサイユ条約は国家間の講和条約でしたが、同じベルサイユ会議の際に民間においても国際問題を研究し政府に助言を与える機関を打ち立てようとの動きが出てきました。これら民間の国際問題研究所設立を議論する会議を主宰したのは、フランスのエドモン・ド・ロスチャイルド男爵です。

動機となったのは、やはり国際主義です。民間の研究所とは、国際連盟と、後のワシントン体制を国際世論の側面から支援するためのシンクタンクと位置づけることができます。ベルサイユ会議を支配していたのは、国際主義的情熱でした。

ウィルソン大統領が次々と打ち出す理想主義的原則は、「国際社会の安全は各国が自国の国益を考慮して外交政策を立てるのでは不十分であり、国際社会全体の安定のために配慮して構築されなければならない」とするものです。民間の国際問題研究所設立の創案者は、「国際平和主義の原則と実際の諸問題との関係を研究する民間機関が必要である」との結論を導き出したのです。

御説ごもっともなのですが、なぜ民間機関のシンクタンクなのでしょうか。ここに巧妙な欺瞞が隠されています。民間の研究機関というものは、確かに政府の政策に縛られずに自由に研究することができるメリットはあるのですが、外交問題という国民の利益に基づくべき政策が、特定の民間の利権の観点から論じられる危険があるとの欠点を排除することができないからです。

民間礼賛主義は、現在でも広く見られるところです。しかし、注意すべきは「民間は公的な責任を負わない」という点です。民間のシンクタンク設立によって、政府の政策から離れた研究が行われることになりました。そして、やがて、政府の政策に影響を及ぼすようになり、さらには政府の外交政策を左右するまでになりました。

現在のアメリカ外交を事実上支配しているのは、この時生まれた「外交問題評議会（CFR）」です。CFRの創設にかかわった人物を見るだけで、この民間シンクタンクの持つ意味が読み取れます。

「外交問題評議会」がアメリカの外交政策を決めている

外交問題評議会（CFR）は1921年、イギリスの王立国際問題研究所（RIIA）の姉妹機関として、モルガン財閥やロックフェラー財閥の資金援助を得て設立されました。

アメリカ政府は一銭も出していません。

また、設立メンバーは次の通りでした。マンデル・ハウス大佐、ポール・ウオーバーグ、ジェイコブ・シフ、アベレル・ハリマン（日露戦争後、わが国に南満洲鉄道の共同経営を持ちかけたエドワード・ハリマンの息子）、バーナード・バルーク、ウオルター・リップマン、ダレス兄弟（後の国務長官、CIA長官）、J・P・モルガン、ジョン・D・ロックフェラーなどです。何度も本書に登場する人物ばかりです。

これらのCFR創設メンバーを見れば、CFRがアメリカの外交政策を牛耳っていることが一目瞭然です。

このCFRは『フォーリン・アフェアーズ』という季刊誌を発行しています。CFRで何が議論されているのかを知る手掛かりとなります。つまり、『フォーリン・アフェアーズ』を読めば、アメリカの外交戦略の概要を摑《つか》むことができるわけです。ちなみに、創刊号に「K」という匿名《とくめい》で寄稿された論文では、アメリカがソ連政府を承認するよう提唱しています。

アメリカがソ連を正式に承認するのはフランクリン・ルーズベルト政権になってからの1933年ですが、当時（1920年代の初め）からアメリカの外交政策の黒幕たちはソ連を事実上承認していたのです。実際、彼らはソ連の代表団をCFRへ招待して議論の場を設けています。CFRのソ連に対する態度はアメリカ政府のソ連に対する政策に反映されていたと言えます。ソ連のシベリアや極東、満洲、中国本土における行動に対して、アメリカ政府が干渉することはなかったのです。

外交問題評議会は一貫してルーズベルト政権とは親密な関係でした。ルーズベルト大統領自身、CFRの世界観に共鳴しており、「CFRの文化的環境は彼自身のものとさえ言えた」（レナード・シルク前掲書）と言われるほどでした。このような描写にも、ルーズベルトが国際主義者であったことがよく窺えます。

『フォーリン・アフェアーズ』には、アメリカ外交の大転換を示唆する論文が匿名で掲載されます。ソ連封じ込めを提唱した「X」論文は、後に国務省政策企画部長のジョージ・ケナンの作であることは、よく知られているところです。また、東西冷戦後のアメリカの外交政策を論じた寄稿は、「Z」論文として掲載されました。

私たちが注意すべき点は、CFRの目的、すなわち「アメリカ外交の目的は国際主義である」ということです。これで、なぜ国際連盟の設立と同時に民間のCFRが創設されたか、おわかりいただけたと思います。

ヨーロッパで国際連盟を支えたのが王立国際問題研究所（RIIA）でした。アメリカにおける外交問題評議会は、ワシントン体制を下支えする役割を担ったのです。さらに、太平洋問題に特化した研究所が生まれました。1925年に設立された太平洋問題調査会（IPR）です。この調査会は各国に支部が設けられ、わが国には翌1926年にIPRの日本支部として日本太平洋問題調査会が常設されました。設立当初のメンバーは、渋沢栄一や井上準之助（日銀総裁）など、いわゆる知米派の巨頭が名を連ねていました。

次第に左派知識人たちに乗っ取られて行きましたが、このような日本支部の動きとIPR全体の動きとは連動しているのです。IPRは満洲事変以後対日批判を強め、さながら民間版の国際連盟会議とも言えるほどの厳しい対日非難が行われるようになりました。特に、1936年アメリカのヨセミテで開催された会議においては、中国代表の胡適《こせき》が日本を糾弾したことで有名です。まさしく、日本に対する工作機関の観を呈するように変質したのです。その後、わが国はIPRから脱退しました。

この調査会こそ、わが国を大東亜戦争へと駆り立てていった元凶と言っても決して過言ではありません。中心人物は季刊誌『パシフィック・アフェアーズ』の編集長オーエン・ラティモアでした。ラティモアは共産主義者で親中国派の中心人物でした。私たちは、このオーエン・ラティモアの名前を記憶しておくべきでしょう。

IPRの日本側メンバーの中に、その後ソ連のスパイとして摘発された尾崎秀実《おざきほつみ》がいました。尾崎は近衛文麿《このえふみまろ》首相のブレーンでした。アメリカの国務長官として満洲国の不承認主義を掲げたヘンリー・スティムソンもＩＰＲのメンバーでした。

いずれにせよ、ＩＰＲはわが国の指導者や知識人たちを、ＩＰＲの支援者であるロックフェラー財団などの意向に沿った方向に導く役割を果たしたことは間違いありません。ＣＦＲやＲＩＩＡが国際主義者の世界観に従って運営されていたことと同様、ＩＰＲも国際主義者の世界戦略に利用されていたのです。

それどころか、尾崎秀実やリヒャルト・ゾルゲなども絡んでいる以上、ＩＰＲは日本に対する謀略機関であったと言えると思います。ＩＰＲに集まった日本の各界のエリートたちがこの事実をどれほど理解していたのか、さらなる研究が待たれるところです。

Ⅵ　運命の「ワシントン会議」

「ワシントン会議」こそ大東亜戦争の火種

さて、アメリカは自らが主導した国際連盟に上院が反対したため参加できませんでした。実はこのことが、1921年7月にアメリカが「ワシントン会議」を招集した最大の理由でした。国際連盟という国際機関の主要メンバーとして第一次世界大戦後の世界をリードしようとしたアメリカの目論見は外れてしまいました。そこで、アメリカが主導権をとって第一次世界大戦後の国際秩序、とりわけアジア太平洋における秩序を樹立しようとしたのです。

アメリカの最大の狙いは、「満洲、中国における日本の行動を封じ込めること」でした。その成果が、中国に関する「九カ国条約」です。九カ国条約こそ、満洲や中国における日本の政策を巡って日米が対立する火種となったのです。

第一次世界大戦の結果、日本の国際的地位は格段に向上しました。ベルサイユ講和会議では、わが国は、米、英、仏、伊と並んで五大国の一国として遇されました。そして、国際連盟にはわが国は常任理事国として迎えられたのです。まさに、名実ともに「世界の大国」として承認されたと言えます。

わが国が提唱した人種平等提案を詭弁を弄して葬りはしたものの、太平洋の対岸に海軍大国として登場した日本は、ウィルソン大統領にとって忌々《いまいま》しい存在であったのです。ベルサイユ会議において日本の躍進を阻止できなかったウィルソンの怨念は、後任のウォーレン・ハーディング大統領に受け継がれました。

アメリカにとって、ワシントン会議は日本を封じ込めることができなかったベルサイユ講和会議の、いわば報復でした。もし、アメリカが国際連盟に加盟していたら、ワシントン会議は不要だったかもしれません。国際連盟を通じて日本の行動を牽制することができたからです。

しかし、国際連盟のメンバーになり損ねたアメリカは、世界での孤立が懸念されるような状況にありました。大海軍国イギリスと日本は同盟関係にあります。アメリカは孤立を懸念して海軍の大拡張に走りますが、イギリスと日本はこれに対抗して海軍力の増強を始めました。これが却ってアメリカの不安を増長する結果となりました。そこでアメリカは、海軍軍縮のためにもワシントン会議を招集する必要があったわけです。ワシントン会議の結果は、以後大東亜戦争に至るまでの日米関係の枠組みを決定したと言えるのです。

では、これから具体的にワシントン会議の結果を見ていきたいと思います。

九カ国条約の欺瞞的性格

ワシントン会議は、別名「ワシントン海軍軍縮会議」と称されるほどに、海軍軍縮に力が注《そそ》がれました。その結果、アメリカ、イギリス、日本、フランス、イタリアの主力艦の比率は「5」:「5」:「3」:「1・75」:「1・75」に制限されましたが、アメリカにとっては日本をアメリカの6割に抑え込んだことは大きな勝利でした。また、太平洋の前進基地の現状維持にも合意しました。

しかしこれには重要な例外がありました。アメリカにとってのハワイ、イギリスにとってのシンガポールは除かれたのです。これがわが国にとってどういう意味を持つのか、大東亜戦争の際に認識することとなります。

それはともかく、海軍軍縮協定はイギリスにとって大きな痛手でした。世界に広がっている大英帝国の植民地をパトロールする海軍力が、アメリカと同等に抑えられてしまったからです。それに比べ、わが国はアメリカやイギリスの６割でしたが、守備範囲が西太平洋に限定されることから、決して屈辱的結果ではなかったと言えます。

これらの軍縮はそれなりに重要な決定でしたが、わが国にとって死活の問題だったのは「日英同盟の終了」と「九カ国条約の締結」でした。アメリカは日英同盟を敵視したのです。日英同盟が存在していたからこそ、アメリカは極東アジア地域での行動が大きく制約されていました。

日露戦争後の満洲進出を狙って、アメリカは南満洲鉄道中立化案を提案します。しかし、日露はもちろん、イギリスもこの提案を支持しませんでした。イギリスの態度の背景に、日英同盟の存在があったことは疑いありません。第一次世界大戦やシベリア出兵などにおいて、イギリスは日本の活躍を高く評価していました。日本にとって、日英同盟の存在は五大国としての地位を担保する意義もありました。

このように、日英とも同盟の存続を希望していましたが、アメリカは何としてでも日英同盟を解消させることを強く決意していました。結局アメリカの圧力に屈して、日英同盟はその栄光の歴史に終止符を打ちました。日英同盟に代わり、太平洋に関する「四カ国条約」が日英に加えアメリカとフランスが入って締結されました。

しかし、この条約は何の意味もない紙切れにすぎませんでした。「紛争の平和的解決」と

「太平洋における加盟国の既存の権利を尊重すること」を謳っただけです。違反行為を防止する規定は何もなく、この条約の唯一の意義は、日英同盟の終了を謳った条項（第四条）でした。

ワシントン会議のアメリカにとっての最大の成果は、中国に関する九カ国条約の締結であったと言えます。加盟国は、日米英仏伊の五大国に、中国、ベルギー、オランダ、ポルトガルを加えた九カ国です。アメリカにとって最大の成果ということは、わが国にとっては最大の敗北と言える条約でした。後に見るように、アメリカは何かにつけ九カ国条約違反を持ち出し、わが国の行動を掣肘《せいちゅう》（干渉）しようとしたのです。アメリカにとって、この九カ国条約は日英同盟が廃止されたこととセットであってこそ、有効性があったのです。

結論を先に言えば、大東亜戦争の直接の起源は、この九カ国条約にあると言っても過言ではないでしょう。アメリカは、わが国の中国大陸や満洲における権益保持の行動に、九カ国条約を援用して批判、干渉するようになったのです。まさしく、九カ国条約はわが国の中国や満洲における行動を縛る条約だったのです。

ここに、アメリカは失敗した満洲鉄道中立化提案以来の中国、満洲への足掛かりを得ることになったのです。これ以降、アメリカと日本の利害はことごとく対立するようになります。

アメリカは九カ国条約を金科玉条《きんかぎょくじょう》として、わが国の首を正に真綿で締めるが如く追い詰めていきます。このように、九カ国条約の実質的意義はアメリカと日本のみにあり、アメリカがわが国を一方的に攻める道具として使われることになったのです。九カ国条約こそ大東亜戦争に至る枠組みを作り上げたと言えるのです。

ワシントン会議後、わが国はアメリカから幾度も九カ国条約違反を責められることになります。では、わが国の中国、満洲での行動を封じ込めることになった九カ国条約の内容は何だったのでしょうか。

中国は独立国ではなかった

「中国に関する九カ国条約」という名称が示す通り、この条約は中国の「主権」「独立」「領土保全の尊重」「門戸開放」「機会均等主義」の順守を謳ったものです（第一条）。

とりわけ注意を要するのは、第一条の四項において「友好国国民の権利を損なう特権を求めるため支那の情勢を利用したり、友好国の安寧《あんねい》を害する行動をしないこと」とされ、さらに第三条において「支那における門戸開放または機会均等主義を有効ならしむため、支那以外の締約国は支那における経済的優越権を設定せず、他国の権利を奪うが如き独占権を求めない」と約束したことです。

これらの条項は、一見公平に見えますが、当時すでにわが国の中国における権益はその他の締約国、特にアメリカとの間とは格段に差があったことに鑑みれば、わが国の既存の権益を守る防衛的行為さえ、九カ国条約違反と非難される口実を与えることになったのです。

例えば、満洲事変の際アメリカのスティムソン国務長官は、「日本の行動は九カ国条約やパリ不戦条約違反である」として、わが国の満洲における行動を承認しないという、いわゆる「不承認主義」を明らかにして、満洲事変の解決をいたずらに遅らせる結果になりました。

時の大統領フーバーが「日本の行動は中国の排日運動とソ連の浸透に対する自衛措置でアメリカの脅威になるものではない」として、理解を示していたにもかかわらずです。スティムソンの硬直した原理主義的態度はスティムソン・ドクトリンとして知られることになりますが、スティムソンは「平和のために常に戦争を辞さない平和主義者」で、「恒久平和のための永久戦争の信奉者である」と言われるほどでした（パトリック・ブキャナン著、河内隆弥訳『不必要だった二つの大戦』国書刊行会）。

このスティムソン・ドクトリンから窺えることは、「満洲に平和をもたらすためには日本と戦争をしなければならない」とするもので、この論理がスティムソン・ドクトリンの真髄であったのです。まさしく、「平和を声高に叫ぶ者こそ、心底では戦争を考えている」という格言の通りです。

そこで考えてほしいのですが、そもそもなぜこのような条約が必要であったのかということです。

中国利権後発国のアメリカにとって、中国に入り込むためには既存の利権国の行動を縛る必要があったことは容易に想像がつきます。しかし、それにしてもこのような多国間条約を以て中国の門戸開放を担保せざるを得ないということは、中国に信頼に値する政府が存在していなかったということを意味しているのです。

確かに、1911年の「辛亥革命《しんがい》」以降中国は一種の内乱状態にあり、国内には少なくとも三つの政府が存在していました。段祺瑞《だんきずい》の北京政府、孫文《そんぶん》（後継者は蔣介石）の広東《カントン》政府（後の南京《なんきん》政府）、それに共産主義者の武漢《ぶかん》政府です。

アメリカはじめ列国は口では中国の独立や領土保全を云々しますが、心中では中国に統一政府が存在していないから不安になって条約で各国の行動を縛ろうとしたわけです。各国が独自に中国の軍閥と交渉する余地を認めないとの魂胆が窺える内容です。

さらに言えば、たとえ形式的であれ中国の独立を保証する条約を制定しても、中国内にこの条約を履行できる中央政府が存在していなかったことが、情勢を一層複雑にしたのです。中央政府不在の中で、中国がこの条約の条項を守ることができるはずがありません。事実、その後の展開は「革命外交」などといった排外主義的スローガンに基づき、国際約束を一方的に否定する中国政府（蔣介石政権）の外交姿勢によって、中国情勢はますます混沌の度を加えていくことになるのです。

そもそも、戦争後の戦勝国と敗戦国との講和条約でもないのに、多数の諸国が中国についてこのような取り決めを締結すること自体、中国に信頼できる統一政府が存在していないこと、つまり中国はまともな独立国とは見なされていないことを暗黙の前提とするものと言ってもよいものです。

したがって、九カ国条約は中国の主権や独立などを擁護する条約ではなく、中国の無政府状態を利用して列強各国が抜け駆けしないように、締約国が互いを牽制し合う取り決めであったと解釈されるのです。

現に、ワシントン会議の際に締結された「中国の関税に関する条約」に基づいて、1925年に北京において関税会議が開かれました。九カ国条約であたかも中国の主権を尊重する姿勢をとったアメリカは、中国の関税自主権回復の要求を認めませんでした。イギリスは「中国は内戦を終了させ、外国人の生命財産の保護を全うし、統一ある独立国家としての体制が整ったときに初めて、関税自主権問題は協議されるべきである」と主張しました（中村粲前掲書）。要するに、「列強は中国が未だに内戦状態にあって統一政府が存在しないことを公に認めていた」のです。

私たちは、このような列強の中国に対する現状認識を十分に踏まえておく必要があります。わが国が中国内で泥沼に落ち込んでいくのは、中国に統一政府が存在せず、内戦状態にあったからなのです。このようなアメリカやイギリスの冷たい態度に比べ、わが国は中国の関税自主権の回復を支持しました。これに対し、中国代表は日本代表に感謝の意を表しました。

このような会議の最中、１９２６年４月のクーデターによって段祺瑞北京政権が瓦解《がかい》し、北京が無政府状態に陥ります。結局、関税会議は中国正統政府が樹立されるまで延期されることになりました。

ソ連が締約国でなかったことの意味

九カ国条約の功罪を論じる際に見落としがちになるのですが、「ソ連が締約国ではなかった」という事実をもっと重要視するべきです。なぜなら、ソ連は中国や満洲や外蒙古《もうこ》でフリーハンドを得たからです。

事実、ソ連は中国を共産化するために満洲や中国本土で自由に行動できました。九カ国条約の制約を受けなかったからです。ソ連の数々の赤化謀略を見ても、アメリカはソ連を非難しなかったのです。

わが国のみが、満洲や中国本土における共産主義の浸透を防止するために戦っていました。わが国の赤化防止政策は、アメリカにとって極めて目障りなものでした。だからアメリカは、わが国の赤化防止策にことごとく難癖をつけてきたのです。

ここでソ連の傍若無人《ぼうじゃくぶじん》な行動を見てみましょう。

まず１９２１年７月、ちょうどワシントン会議が始まったときに、ソビエト軍は外蒙古に侵攻して蒙古人民革命政府を樹立しました。さらに翌月には蒙古の西のウリヤンハイと呼ばれる資源豊かな地域にソビエト軍が侵入して、トワ人民共和国を樹立しました。このトルコ系住民の国は後にタンヌ・トワ人民共和国と改称されましたが、実質的な支配者はソ連とコミンテルンでした。

なぜ、私たちに馴染みがないタンヌ・トワ人民共和国に触れたかと言うと、この国はソ連の最初の衛星国だったからです。１９３２年に成立した満洲国政府が日本の傀儡政権と批判されましたが、それより10年も前にソ連がタンヌ・トワ人民共和国という傀儡国家を作った際は、アメリカを含め世界のどの国も非難しなかったのです。

また、外蒙古については、ソ連はカラハン宣言に違反するとの中国の抗議にもかかわらず、ソビエト軍の駐留は蒙古人民の意思であるとの詭弁を弄して占領を正当化するとともに、1924年には蒙古人民共和国として二番目の傀儡国家を樹立したのです。

以上のソ連の一方的侵略は、たとえ九カ国条約の締約国ではないとはいえ、九カ国条約の精神に違反する背信行為であったことは間違いありません。日本の満洲や中国本土における行動に対しては、あれほど厳しい態度をとったアメリカは、ソ連の明白な侵略行為に対しては何の批判も抗議もしていません。これは明らかにダブルスタンダードであり、アメリカの二枚舌外交として厳しく批判されるべきものです。

私は「アメリカがソ連共産主義の実情を誤解していた」とか、「アメリカから遠く離れた地域の出来事なので関心がなかった」などという弁護を聞きたくはありません。アメリカはソ連の実情を正しく理解して、ソ連の侵略行動を是認していました。繰り返しになりますが、アメリカは自らが生みの親であるソ連共産主義政権を守護していたのです。

さらに言えば、アメリカはソ連をしてアメリカの世界戦略の一翼を担わせていたとすら言い得るのです。これこそ、アメリカがソ連と同盟を組むことができた理由でした。

後の第二次世界大戦は、民主主義国対全体主義国の戦いではありません。世界赤化勢力対反共産主義勢力の戦いでした。言い換えれば、「国際主義対民族主義の戦い」だったのです。

日本人をアメリカ嫌いにした「排日土地法」

国際関係だけではありません。アメリカは国内においても、日本を標的にした反日政策をあからさまにしました。その最たるものが、1924年に成立した「排日移民法」です。アメリカが日本を視野に入れる契機となったのは、〝フロンティアの消滅〟でした(1848年にカリフォルニアを獲得して太平洋岸に到達)。フロンティア精神(開拓者魂)こそ、アメリカ建国の理念の一つです。

セオドア・ルーズベルトがアメリカのエスタブリッシュメント=WASP(白人、アングロサクソン、プロテスタント)であることを証明するために戦う魂を強調して、自ら折からの対スペイン戦争に従軍し、キューバで戦闘に参加して英雄と称えられた話は、アメリカ人の不屈の開拓者魂を象徴する出来事として語り継がれています。

なお、このときの活躍によってセオドア・ルーズベルトに政治家の道が開け、ニューヨーク州知事を経てマッキンレー政権時の副大統領になります。そのマッキンレー大統領は、

1904年に暗殺され、副大統領のルーズベルトが大統領に昇格しました。マッキンレー大統領暗殺犯人はポーランド移民のユダヤ人無政府主義者でした。マッキンレー暗殺の真相は明らかになっていませんが、アメリカ大統領暗殺といった大事件をアメリカの実情に不慣れな移民一世の無政府主義者が単独で実行したと考えることは常識的にできません。当時のアメリカ社会にあっては無政府主義の支持者はほぼ皆無と言ってよい状況でした。したがって、暗殺犯を雇った勢力が誰なのかを解明することが、マッキンレー暗殺の原因を究明することに繋がるのです。

それはともあれ、西へ西へと進んでカリフォルニアを征服し、太平洋の荒波を目にしたアメリカ人の心境は如何ばかりだったでしょうか。ついにフロンティアが消滅したという事実がアメリカ人に与えた影響は、当時の日本人は誰も想像できなかったことでしょう。しかし、フロンティアが消滅して眼前に広がる太平洋に対峙したアメリカ人の脳裏を占領した考えは、太平洋を征服することであったとしても決して不思議ではありません。

彼らの信条である「明白なる使命」が命ずることは、「太平洋の彼方にまでアメリカの福音を伝えよ」ということでした。太平洋の彼方には、日本が、そして中国大陸が位置していました。かくして、日本は自ら望んだことでないのに、アメリカの「明白なる使命」の伝道進路を妨害する〝敵〟として姿を現すことになってしまったのです。日本は自らの意思ではなく、アメリカが描いた日本像によって、一方的にアメリカの仮想敵国となったのです。

カリフォルニアにおける日本人移民排斥運動の背景には、こうしたアメリカ人の心情があったことを覚えておく必要があります。これは理性の問題ではなく、感情の問題であったのです。だからこそ、移民の自主規制など度重なる日本政府の譲歩にもかかわらず、カリフォルニア州政府は日本人移民締め出し政策を止めることはありませんでした。

1913年には、日本人移民の土地所有を禁止する「排日土地法」が成立します。そして、1920年には日本人移民の子供まで土地所有を禁じられることになったのです。アメリカ憲法によれば、「移民の子供はアメリカ国籍を持つ」とされていますが、アメリカ国民であるにもかかわらず、日本人移民の子供は土地所有ができないという〝人種差別法〟でした。

これらはまだ州レベルの話でしたが、1922年にアメリカ連邦最高裁判所は「黄色人種は帰化不能外国人であって、アメリカへの帰化権はない」という驚くべき人種差別判決を下しました。さらに驚くべきことは、すでに合法的に帰化した日本人の権利まで剝奪《はくだつ》したのです。

近代法の原則の一つが「事後法の禁止」です。世界の文明国、民主主義の権化と自認して憚《はばか》らないアメリカが、近代法原則を正面から否定する司法判断を下したのでした。さらに、2年後の1924年には、悪名高い「絶対的排日移民法」が連邦法として成立しました。ついにアメリカは、国家の意思として日本人移民を一切排除するという人種差別法を成立させたのです。

この連邦法がわが国に与えた影響は絶大でした。それまで、アメリカの理性を信じ、アメリカとの友好関係を維持すべきだと主張していた知米派のオピニオンリーダーたちが、一斉にアメリカに失望し「反米」に転換していったのです。一般市民による反米集会も頻発するようになりました。日本人は大きな屈辱感を味わったのです。

このように、1920年代になってアメリカは国家全体として日本を排除する方向に明確に舵を切りました。これらの日本人移民排除法による日本人差別は、日本人の間に「アメリカは人種差別国家である」とのイメージを植えつけてしまったのです。

また、日清戦争後のロシア、ドイツ、フランスによる三国干渉以来の屈辱として、「臥薪《がしん》嘗胆《しょうたん》」が叫ばれるようになりました。

〝1924年〟という年を私たちは記憶する必要があります。極論すれば、この年を以て日米は事実上の戦争状態に突入したとさえ言えるのです。

これを裏づけるもう一つの象徴的出来事がありました。それは、対日戦争計画「オレンジプラン」の確定です。オレンジプランは1907年に策定作業に入りました。以来約20年にわたり、アメリカ領フィリピンの防衛を核とする対日戦争計画が練り上げられたのです（エドワード・ミラーの『オレンジ計画――アメリカの対日侵攻50年戦略』新潮社）。

ワシントン会議の結果、アメリカが太平洋と極東におけるわが国の活動を制約し始めたことに加え、絶対的排日移民法の成立によってアメリカが露骨に日本排除姿勢に転じたことは、わが国がアメリカに対する不信感を増大させる結果となったのですが、まさしくこの年に対日戦争計画であるオレンジプランが完成したことは、偶然にしてはできすぎたドラマと言えます。

私は、アメリカの日本攻撃の意図がゆるぎない形を整えたのが、1924年と言って差し支えないと思います。ここに、日米戦争は事実上開始されたのです。

1941年12月8日の日本軍による真珠湾攻撃は、すでに開始されていた潜在的な日米戦争を顕在化した結果に他ならなかったのです。1924年を境に、日米間に残された課題は、「いつ、どちらが戦闘を始めるか」の選択であったと言えるのです。

第二部

【「支那事変」の真実】

アメリカはなぜ日本より中国を支援したのか

「絶対的排日移民法」によって、アメリカへの移民が不可能になった日本人が、その後、満洲を目指すことになったのは自然の成り行きと言えます。

しかし、アメリカ主導の九カ国条約が、わが国の満洲における行動を制約することになりました。九カ国条約に意を強くした中国が、満洲における排日運動を扇動した結果、満洲の治安は乱れに乱れることとなったのです。

1920年代の満洲は「中国軍閥闘争」の煽りをまともに受け、いわば無法の荒野と化していました。1931年9月18日に起こった「満洲事変（柳条湖《りゅうじょうこ》事件）」は、無法の地における日貨排斥運動や侮日《ぶにち》行為、日本人虐殺などの排日運動の結果であったのです。

詳細は省きますが、満洲事変は辛亥革命以降の中国の内戦の結果だったことを強調しておきたいと思います。したがって、辛亥革命後の中国の実状を理解することが、満洲事変と、それに続く支那事変を理解する前提になるわけです。

I　狙われた中国と満洲

ソ連の「中国共産化政策」と米英金融資本の「中国経済侵略」

世界社会主義化勢力の格好のターゲットとなったのが、中国と満洲でした。その具体的戦術は二つの側面を持っていました。一つはソ連による「共産主義思想の拡大浸透」であり、もう一つは英米資本による「中国経済の奪取」でした。この一環として、満洲に対する投資計画がありました。つまり、この二側面は国際主義者の世界戦略を一言で表しています。国際主義とは、「思想戦」と「経済戦」が柱なのです。双方とも、国家という枠組みを超越した戦争です。

共産主義は「国家組織の廃止」を第一の旗印に掲げていました。国家組織の廃止は、対外戦争と革命、すなわち内部の秩序破壊によって実現することができます。したがって共産主義者の戦略は、一方において「戦争を誘発すること」、他方において「国内に共産主義思想を蔓延させ、革命を起こさせること」の二つに要約されます。

金融資本家による世界経済戦略は、国境を越えたビジネスの展開ですが、単に国境を越えたビジネスの拡大だけではなく、国家（政府）によるビジネス活動への干渉を排除するという側面もありました。むしろ、「自己のビジネス目的のために国家（政府）を動かしていた」と言えるのです。

さて、この戦略を中国や満洲に応用するとどうなるでしょうか。ここで注意すべきことは、「中国の共産化を推進したソ連やコミンテルン」と「中国を経済的に奪取しようと企んだ英米の金融勢力」とは相通《あい》じていたという重要な事実です。

中国を近代的武器で武装化したのは欧米の武器商人たちでした。彼ら武器商人たちは当然のことながら、欧米政府の承認の下に中国に武器を売り込んでいたわけです。ときには、武器を購入するための借款《しゃっかん》を供与してまで中国の武装強化に努めました。その目的は言うまでもありません。日本と戦争をさせるためです。

例えば、１９３７年の「第二次上海事件」では、ドイツ製やチェコ製武器で固められたトーチカを攻撃するのに、日本軍は多大の犠牲を払わなければなりませんでした。このように、支那事変は日本と中国の戦いではありませんでした。「日本」対「欧米諸国（ソ連を含む）」の戦いだったのです。

中国にまず手を伸ばしたのはソ連でした。有名な「カラハン宣言」は表向きの対中友好宣言とは裏腹に、中国に共産主義思想を浸透させるための微笑外交であったわけです。ソ連の外交官レフ・カラハンは、帝政ロシア時代の中国における権益をすべて放棄すると甘言を弄して、中国指導部を安心させましたが、その一方で、まず満洲において共産主義政権樹立工作を開始したのです。

工作のターゲットになったのは張作霖《ちょうさくりん》配下の郭松齢《かくしょうれい》でした。郭松齢はソ連に買収され、ソ連の資金援助で反乱を起こしましたが、張作霖を支援した関東軍によって平定されました。この例を出すだけで、ソ連の満洲に対する共産化工作の一端を理解できることと思います。

この事件において張作霖を日本が支援したことを考えると、いわゆる「張作霖爆殺事件」の首謀者が日本人であることは考えられないのです。張作霖は、満洲の治安安定化のためにわが国が最も頼りにしていた人物であったのですから（加藤康男『謎解き「張作霖爆殺事件」』ＰＨＰ新書を参照されたし）。

カラハンと並んで孫文に資金援助や武器援助をしていたのは、イギリス系ユダヤ人のモリス・コーエンであったことは記憶されるべきことです。コーエンはカナダで孫文に出会って以来、孫文の革命運動を支援するようになり、孫文一族と大変親しい関係にありました。

コーエンは孫文のボディガードとなり、孫文を暗殺の試みから救ったこともありました。孫文の死後、蒋介石によって将軍の地位に引き上げられ、国民党軍の訓練に当たりました。第19路軍は彼の訓練の成果と言われています。

いずれにせよ、ソ連からの浸透工作と英米からの浸透工作とはほぼ同時期に開始されたのです。これが単なる偶然にしてはできすぎていると言わざるを得ません。

「支那幣制改革」という荒業

ソ連による北からの南進と英米資本の南からの北進が、蒋介石の北伐と連動していたのです。中国の経済利権を独占したい英米の金融資本家たちは、北支が日本の影響下に入ることを恐れていました。そこで彼らが考え出したウルトラCが、中国の幣制改革と称される、いわば大博打《おおばくち》であったのです。

簡単に言うと、中国民衆が保有していた銀を吐き出させて、引き換えに蒋介石政府の紙幣と交換するというものです。しかも、交換比率は銀1に対し紙幣は0・6にすぎませんでした。中国民衆は虎の子の銀を取り上げられ、何の価値もない蒋介石政府の紙幣を握らされたのです。この幣制改革はイギリス政府の最高経済顧問のリース・ロスによって行われました。1935年11月のことです。

ところで、幣制改革のうち銀行改革の内容は一見専門的で技術的のように見えますが、実は銀行を通じた経済の掌握こそ国際金融資本家の得意とする手段です。幣制改革に伴い断行された中国の銀行改革の内容を知ると、どのようにして国家の経済が一握りの国際金融資本家に握られていくのかが、手に取るようにわかるのです。

改革によって「中国銀行」「交通銀行」「中央銀行」の三大銀行が設立されました。中国銀行が紙幣の発給権を与えられ、交通銀行は商業金融を取り扱い、中央銀行は為替の取り扱いを命じられました。極めつきは第4番目の銀行である「中国農工銀行」です。この中国農工銀行は〝特殊銀行〟とされ、イギリスの対中国投資信用銀行業務に特化したのです。これが問題でした。

中国農工銀行は半官半民とされましたが、半民はE・D・サッスーン投資会社のみが出資者となりました。もうおわかりのように、国民政府とサッスーン財閥との合弁銀行なのです。中国農工銀行が発給する紙幣が本来中国銀行の発給すべき法定紙幣の代用に指定されたのです。中国政府とサッスーン財閥がぼろ儲《もう》けしたことは言うまでもないことです。わが国は、英米財閥の金儲けの対象であった中国と戦っていたことを忘れてはならないでしょう。

上海財閥のサッスーンなどは多量の銀をイギリス市場に持ち出し、売却して巨利を得ました。蔣介石や彼の後ろ盾であった宗子文《そうしぶん》一族もこれに続きイギリス市場で銀を売り払い巨額の利益を得たのです。

そのからくりは簡単です。イギリス市場における銀の価格は中国の1・8倍でした。したがって、中国民衆から取り上げた銀をイギリス市場で売れば、2倍近く儲かったわけです。しかも蔣介石は、中国銀の価格の6割しか民衆には還付しなかったわけですから、中国民衆がこの不正を知れば蔣介石に対する恨みは高まったことでしょう。

金儲けをしながら、北支の独立を阻む狡猾さ

「中国統一」という極めて正当な目標を掲げる一方で、民衆をだまして資金を巻き上げる手口は、今日の中国における共産党幹部の巨額不正蓄財を彷彿させます。昔も今も、中国民衆は支配層に搾取《さくしゅ》されているのです。

ところが、この儲け話は蔣介石一派や上海ユダヤ財閥の問題だけでは終わりません。実は、アメリカのユダヤ実業家も一枚かんでいたのです。その人物はすでに何度も本書に登

場しているバーナード・バルークです。バルークが中国の幣制改革に一枚かんでいたことは、カーチス・ドールの『操られたルーズベルト』に出てきます。ただし、著者のドールはバルークの銀のエピソードについて触れたとき、中国の幣制改革との関連は知らなかったようです。

1933年1月のことですが、大統領就任前のルーズベルトにバルークが会いに来た際に、居合わせていたドールとバルークの間で交わされた会話です。バルークはドールに対し、「ドールさん、私は銀が好きなんだ」と突然話を始めたというのです。

さらに、バルークは自分が世界の市場に出回っている銀の16分の5を持っていることを明らかにしました。ドールはバルークの話の意味がわからなかったのですが、この会話から数カ月後に、「アメリカ西部の銀生産諸州に対する友好的なジェスチャーとして、連邦議会は公開市場での銀購入価格を2倍に値上げする許可を財務省に与えたというニュースを聞いて驚いた」とドールは述懐しています。

アメリカ議会は銀買い上げ法を制定し、財務省に銀の備蓄を行わせたため、銀の国際価格が跳ね上がりました。この銀価格の値上げ政策の結果、世界の銀の3分の1近くを保有していたバルークが巨利を得たことは言うまでもありません。

アメリカの銀価格高騰政策は、とりわけ中国に大きな影響を及ぼしました。当時、中国は銀本位制でした。海外市場での銀価格の高騰を受け、大量の銀が海外に流出して、中国は財政危機に陥りました。この段階で先ほど述べたリース・ロスの登場となるわけです。ロスは自らが調査した『アメリカ銀政策が中国に及ぼす影響およびロンドン市場への波及』などの資料をイギリスの財閥関係者に説明し、これが中国幣制改革の骨子となったわけです。

このように見ていくと、中国の幣制改革がアメリカの動きと連動していないはずがありません。このニュースから実際の中国幣制改革実施までは若干時間がありますが、すでに銀の価格が上昇する手はずになっていたことを何となく感じさせるではありませんか。上海のサッスーンは、幣制改革実施の前から銀を国際市場で売って利益を得ていたのです。

さて、この幣制改革は蔣一派や上海財閥の金儲けのためだけに行われたものではありませんでした。北支の独立の動きを封じる目的もありました。北支の住民が銀を供出して国民政府の紙幣を摑まされたとすると、彼ら住民は蔣介石政府に従わなければならなくなります。もし独立でもしたら、手持ちの紙幣が紙くずになってしまうからです。

たとえ日本が強制的に独立させても、日本はその後の国家運営に莫大な支援をしなければならなかったでしょう。実際、北支地域の民衆から銀を放出させるために、リース・ロス自ら北支に赴き銀を蔣介石支配地域に輸送しようと試みたのですが、日本軍によって鉄道駅で食い止められてこの試みは失敗したのです。

以上に見たように、アメリカ金融資本家とイギリス金融資本家は協調して中国の富を略取しようとしていたことがわかります。

英米資本の対中国協調は、とりもなおさず両国の日本に対する締めつけとして具体化することになりました。それを決定づけたのが１９３６年12月の「西安《せいあん》事件」です。

Ⅱ「西安事件」の世界史的意義

蔣介石が部下に監禁された！　前代未聞の大事件

西安事件はどういうわけか、歴史家はあまり関心がなさそうです。しかし、「抗日統一戦線」が成立したこの事件こそ、支那事変の行方を決定づけた大事件でした。同時に、蔣介石の失墜と毛沢東の最終的勝利を予感させる事件でもありました。もちろん、西安事件の黒幕は、ソ連と米英勢力であることは言うまでもないことです。

西安事件を起こした毛沢東の考えはこうでした。

「日中関係が安定していると、蔣介石は共産党殲滅《せんめつ》作戦に集中できてしまう……」

蔣介石にとって、やはり最大の敵は毛沢東の共産党だからです。したがって、蔣介石を絶えず日本との戦争に従事させることが、共産党の生き残りのためには必要なのです。

ところが、西安事件前夜の状況は、日中関係が改善に向かって歩み始めていました。満洲事変以後、関東軍と満洲軍閥の張学良軍は満洲において戦闘を続けていましたが、1933年5月に日中間で締結された「塘沽《たんく》停戦協定」によって、満洲国と中国との間の事実上の国境線が確定し、ここに満洲事変は一応終結を迎えました。以後この協定によって設けられた非武装地帯において小競り合いは見受けられましたが、日中関係は基本的に好転することになりました。

その後、中国は満洲との列車相互乗り入れや、郵便事業の展開など実質的に満洲国を承認していると考えられる関係にまで発展しました。このような状態の中で蔣介石は共産党勢力殲滅作戦を強化し、劣勢に陥った共産党は有名な〝長征〟と称する退却作戦に追い込まれて、辺境の延安《えんあん》に落ち着くことになりました。追い詰められた毛沢東にとっては、何としてでも蔣介石を抗日戦争に専念させる必要があったわけです。

毛沢東にとっては、日本と中国（蔣介石軍）が戦闘状態にあることが、共産党の生き残りのためには必須の条件でした。そして、毛沢東の背後にいるソ連コミンテルンも、表向きは蔣介石を支援しながらも密かに毛沢東とも好《よしみ》を通じていたアメリカも、上海サッスーン財閥の利益を代表していたイギリスも、蔣介石が日本と戦争を続けることが必要と考えていたのです。このような状況下で、西安事件が勃発したのです。

西安事件は、蔣介石の配下にあった国民党の東北軍司令官張学良が、対共産党作戦の打ち合わせと称して蔣介石を西安に呼び出し、抗日闘争不実行を口実に蔣介石を監禁したという事件です。

満洲で関東軍との間で戦闘に従事していた張学良が、蔣介石軍の重鎮にまで出世したのはどうしてでしょうか。張学良は満洲事変後、満洲から追放されてパリで放蕩《ほうとう》生活を送っていましたが、1934年に上海に戻ってきました。その後、蔣介石はこともあろうに張学良を平定委員に任命しました。平定委員とは東北軍管轄地域における共産党勢力を平定する責任者です。

ところが、張学良は共産党を平定するどころか、むしろ共産主義者との交流を深め、彼らに対し「真の敵は蔣介石ではなく日本である」と説いて回ったのです（カール・カワカミ『シナ大陸の真相』展転社）。この方針が蔣介石の承認の下に行われていたのかどうかは不明ですが、「日本に父親の張作霖を殺された」と信じている張学良にとって、中国共産党よりも日本が憎いという感情を持っていたとしても不思議ではありません。張学良はパリ滞在時代にソ連の工作員と接触していたことが判明していることなどから考えると、少なくとも張学良は〝共産主義シンパ〟であったことは間違いないでしょう。

とは言え、張学良の一存で上司の蔣介石を拘束するといった大それた計画を立てられるはずがありません。毛沢東の共産軍に扇動されたというのが妥当な見方でしょうが、毛沢東でさえも自らの意思だけでは決断できるはずがありません。毛沢東は原則的にソ連の指令の下に行動していましたから、張学良を籠絡《ろうらく》するシナリオは毛沢東とソ連コミンテルンの合作と言えます。

監禁の報を聞き、周恩来が西安に駆けつけました。また、蔣介石夫人の宋美齢《そうびれい》も西安に赴き蔣介石の解放交渉に当たりました。しかし、これだけでは役者が揃ったことになりません。英米側の代表も一枚加わる必要がありました。

宗子文が国民党の事実上の支配者に

先の幣制改革によって実質的に中国の権力を握ったのは、実は宋子文でした。宗子文の背後にいるサッスーン財閥とそれに連なる英米金融資本家勢力が宗子文を通じて中国を支配するシステムができ上がっていました。監禁された蔣介石の救済に向かったのは、なんと宗子文だったのです。

以後の事件の展開はまったくの出来レースと言えるのですが、西安に急行した宋子文はめでたく張学良の説得に成功し、蔣介石は「共産党とともに日本と戦争すること」を約束して釈放されました。当然、釈放された蔣介石は実権を失った抜け殻政治家となり果てました。以降、蔣介石は名目上は国民政府のトップの地位にありましたが、実権は宗子文と彼の背後のサッスーン財閥に移ったのです。

釈放されたときの蔣介石の姿は、55年後のソ連崩壊の引き金となった保守派のクーデター騒ぎの後、幽閉先のクリミアから解放されたミハイル・ゴルバチョフソ連共産党書記長のやつれた表情とダブってなりません。ゴルバチョフはこのクーデター騒ぎの後、ソ連政界で実権を失い、ボリス・エリツィンの天下となっていくのです。

話を戻せば、西安事件が仕組まれたドラマであった証拠は、「蔣介石の監禁」という大ニュースに中国の公債や為替相場が暴落しないはずがないにもかかわらず、現実には公債も為替もほとんど動きが見られなかったことです。これはどう考えても人為的な介入が行われたことを意味します。宗子文の背後にいたサッスーン財閥などが、宗子文を支えるために公債市場や為替市場に介入したのです。

余談ですが、西安事件のとき、実際に蔣介石の逮捕に当たった楊虎城《ようこじょう》北西軍司令官は、蔣介石の身代金を使って世界一周の大名旅行を敢行しましたし、張学良は身代金のお蔭で上海で優雅な生活を続けました(カール・カワカミ前掲書)。このような例を見てみると、当時の中国の指導者に国家意識がないことが明らかになったと思います。今日の中国共産党幹部の度を越した蓄財と腐敗ぶりを見ると、中国の政治指導者の行状は今も昔も変わらないことがよくわかります。

「日中和平の可能性」は、すでになくなっていた……

西安事件の結果、抗日統一戦線が成立し、蔣介石が実権を失ったことはわが国にとって大きな痛手でした。この事件によって、日中の和平の可能性も、共産党勢力を撲滅する可能性も、完全に失われてしまったからです。

西安事件の真実を知れば、わが国の中国での行動が侵略行為ではないことが一目瞭然になります。日本との戦争を望んでいたのは国共合作が成った中国でした。以後、1937年7月の「盧溝橋事件」を嚆矢《こうし》に、「第二次上海事変」「南京攻略」等々日中の軍事衝突が続くことになるのですが、事変不拡大を目指すわが国政府の和平方針はことごとく蔣介石に拒否されることになりました。

ちなみに、盧溝橋事件は中国共産党が、第二次上海事変はドイツ軍事顧問団の支援を受けた蔣介石が仕掛けたものです。わが国は居留民保護のためにも増派しましたが、南京攻略の前に蔣介石に対し和平を提案したのです。首都南京攻防戦は無意味であるとして、首都での戦闘を避けるのが目的でした。これが、ドイツに和平斡旋《あっせん》を依頼したいわゆる「トラウトマン和平工作」です。

駐中国ドイツ大使のオスカー・トラウトマンは日本側の和平条件を蔣介石に通告しましたが、蔣介石はこれを拒否します。ドイツが仲介役を引き受けたのは日本の和平条件が妥当なものであると判断したからでした。蔣介石が日本提案を拒否したのは、折から開催予定であった九カ国条約ブリュッセル会議に期待していたこともあるでしょうが、蔣介石にあくまで日本に戦うように仕向けたのはアメリカでした。

後に、〝マッカーシーの赤狩り旋風〟で名を馳せたアメリカ上院議員のジョセフ・マッカーシーは、蔣介石に日本とあくまで戦いを続けるよう使嗾《しそう》したのはアメリカだったと述懐しています（『共産中国はアメリカがつくった』成甲書房）。

時の外相広田弘毅《ひろたこうき》はアメリカに対し、蔣介石が交渉に応ずるよう斡旋を依頼しますが、アメリカ政府は応じませんでした。このアメリカの態度は、蔣介石に中国統一をさせる意図がアメリカになかったことを証明するものと言えます。

蔣介石が日本と和平を結ぶことができれば、蔣介石による中国統一が実現していた可能性があるからです。そうすると毛沢東の共産党が政権をとる可能性が潰れてしまいます。アメリカが、蔣介石と日本が和平を結ぶことを望まなかった本当の理由は、毛沢東を支援していたからです。

ちなみに、1937年11月にベルギーで開催された「九カ国条約会合」に、わが国は参加しませんでした。その理由は、この会合が日本非難の会議となることが予想されたからです。九カ国条約そのものが、わが国の中国における行動を牽制する目的があったことに鑑みると、日本政府の不参加の判断は正しかったと思います。

蔣介石を相手にしても仕方がない!?

わが国は中国との直接の交渉によって和平を実現することを期待していました。日中間の紛争に直接かかわりのない九カ国条約のメンバー国が一堂に会して議論しても、効果的な解決策に合意できないことは明らかでした。

現に、九カ国会議は「紛争当事国のみの間で直接交渉しているだけでは満足のいく解決は得られない。主要な関心を持つ他の列強諸国に相談することによってのみ、公正で誰でも受け入れられる納得のいく協定を結ぶことができるのである」と宣言するだけでした（カール・カワカミ前掲書）。

このようなきれい事を並べ立てた九カ国会議の宣言は、日中間の紛争をいたずらに長引かせるだけです。九カ国条約の正体が暴露された宣言と言えるでしょう。

このように、日本側が和平に努力しても、蔣介石はこれに応じる気配を見せず、またアメリカも蔣介石を説得しようとはしませんでした。むしろ、西安事件の結果、アメリカはマッカーシー上院議員が述懐したように、蔣介石をしてあくまで日本と戦わせようとしていたのです。もし、トラウトマン仲介の段階で蔣介石が和平交渉に応じていたら、その後のわが国による南京攻略はなかったわけです。

南京攻略後も、日本は蔣介石に和平を提案し続けます。このときの日本の和平条件に賠償金の支払いが追加されたのは、南京戦における日本軍の犠牲に鑑みれば当然のことであったと思います。南京陥落後、重慶《じゅうけい》に逃れた蔣介石は引き延ばしを図りながら、結局和平提案に応じることはありませんでした。

このような蔣介石の態度に対し、わが国政府は「御前会議」の方針に基づき、国民政府を相手にしないことに決したのです。政府内では特に陸軍部内に強い交渉継続論があったことは記憶しておいてよいでしょう。わが国は、決して中国において戦闘の継続を望んでいたのではありませんでした。ましてや中国における領土獲得を意図していたわけでもありませんでした。

「国民政府を相手にせず」との近衛声明は、和平の道を閉ざすものであったとの批判が今も絶えませんが、当事者能力を喪失した国民政府（蔣介石）を相手にしても何の結果も生まれなかったのです。

近衛声明が「真に提携するに足る新興支那政権に期待し、これと国交を調整して再生支那の建設に協力せんとす」と言明している点にも、わが国が中国との戦闘を望んでいなかったことが窺えます。

Ⅲ　中国に肩入れするアメリカ

汪兆銘政府は日本の傀儡ではなかった

近衛声明に呼応して重慶政府は内部分裂を起こし、1940年に新たな中華民国政府が誕生しました。汪兆銘《おうちょうめい》を首班とする南京政府の樹立です。そして、汪兆銘派からわが国に対し、和平の申し入れがありました。その意味で、汪兆銘政権は決して日本の傀儡政権ではありません。

汪兆銘の南京政府は、日本軍が占領した地域の統治を開始し、日本軍はこれに協力して現地の治安維持に当たるとともに、経済建設などに従事しました。汪兆銘政府の支配地域では治安が保たれ、経済も発展しました。重慶の蔣介石軍から多数の軍人が汪兆銘軍に寝返った事実も、汪兆銘政権がそれなりに安定していた政権であり、国民党軍の中にも支持者が少なくなかったことを裏づけるものです。

アメリカが本当に中国の安定を望んでいたのなら、汪兆銘政権を承認できないはずがありません。しかし、アメリカはあくまで蔣介石支援にこだわりました。それはなぜなのでしょうか。

また、南京攻略前に広田弘毅外相が示した蔣介石との和平案の仲介を断ったのも解《げ》せません。広田外相の和平努力を蹴飛《けと》ばしたのは、当のアメリカです。そのアメリカが日本の敗戦後の東京裁判において、広田弘毅を「平和に対する罪」で死刑にしたのは、アメリカが一定の意図をもってわが国を貶《おとし》めようとしていた証拠です。

「アメリカは最初から日本と中国が戦争を止めるのを阻止しようとしていた」としか考えられません。アメリカは蔣介石に対して、とにかく日本と和平をせずに戦い続けるよう圧力をかけ続けました。同時に、延安の毛沢東に対しては、アメリカの外交官を駐在させて、共産党の勢力拡大を支援しました。私たちはアメリカのこの二股外交の欺瞞を忘れてはならないでしょう。

このようなアメリカの態度は、単に「中国における日本の勢力拡大を恐れた」という理由だけでは説明できません。アメリカはどうしても毛沢東に勝たせたかったのです。中国を共産化したかったのです。フランクリン・ルーズベルトを取り巻く側近たちは、そのように考えていたのです。

次の第三部でルーズベルトの側近の正体を暴く予定ですが、支那事変に関しては、さらに二点触れておきたいと思います。

第一点は、日本の敗戦後の蔣介石一派の動きです。日本の敗戦により日本軍が撤退した後、汪兆銘支配地区は蔣介石の重慶軍が占領しました。この占領地区の運命は改めて記すまでもありません。略奪、暴行の限りが尽くされました。経済インフラはことごとく接収という名の略奪に遭いました（後に、毛沢東に追われ、台湾に逃げた蔣介石一派は同じことを台湾でしました）。

その結果、重慶政府の支配者であった蔣介石、宗子文、孔祥熙《こうしょうき》、陳立夫《ちんりっぷ》の4家族が、汪兆銘政府地区の工場の9割以上を手中に収め、また通商のための港湾設備のほとんどを押さえて国内外の交易を独占したのです（黄文雄『日中戦争真実の歴史』徳間書店）。蔣介石政権とその背後の勢力にとって、支那事変とは何であったのかを物語る格好のエピソードです。

第二点は、アメリカは結局、毛沢東共産党政権の樹立に成功したことです。第二次世界大戦終了後、蔣介石軍と毛沢東軍との間で国共内戦が始まりました。解せないのはアメリカの動きでした。アメリカのキーパーソンは、ジョージ・マーシャル将軍でした。マーシャル将軍は蔣介石の軍事顧問として自ら中国に赴き、満洲でほぼ勝利を収めつつあった蔣介石に対し、なんと停戦を命じるのです。数カ月にわたる停戦期間に毛沢東軍は体勢を立て直し、最終的に蔣介石軍を破ります。

当時のアメリカ大統領はハリー・トルーマンでしたが、トルーマン大統領は蔣介石を嫌っていたというのです。蔣介石と仲良くするものは大統領の怒りを買うことになることを、GHQのマッカーサー最高司令官が述懐していますが（『マッカーサー回想記』朝日新聞）、これも考えればおかしなことです。トルーマンはルーズベルト大統領の死去によって副大統領から昇格しましたが、国際情勢にそれほど通じていたとは考えられません。そんなトルーマンが中国問題で明確な姿勢をとっていることは、側近の言う通りに動いていたからとしか思えません。

いずれにせよ、「アメリカの対中国政策はルーズベルトの時代から一貫していた」と考えられます。つまり、中国を共産化することでした。ルーズベルト大統領のキングメーカーたちの野望はついに実現したのです。1949年10月1日、中華人民共和国が建国しました。

なお、西安事件が共産勢力の策謀であったことは、事件から65年たった2001年に江《こう》沢民《たくみん》中国国家主席が証明してくれています。西安事件の首謀者張学良は2001年にハワイで100歳の天寿を全うしました。

江沢民は張学良の遺族宛の弔電の中で、「張学良は偉大な愛国者、中華民族の永遠の功臣」などと極めて高い評価をしています。それはそうでしょう。張学良が蔣介石を裏切って西安で監禁してくれたからこそ、抗日統一戦線が成立し、最終的に共産党が勝利するレールが敷かれたからです。

アメリカは中国を舞台に、日本に〝宣戦〟していた

アメリカが日本の真珠湾攻撃の以前から日本に対し、実質上の宣戦布告行為を行っていたことについては後ほど詳しく触れますが、支那事変との関係で言えば、いわゆる「フライング・タイガース事件」に如実に表れています。

アメリカは支那事変が始まると国民党の蔣介石政権に借款2500万ドルを供与し、また、武器を売却して蔣介石の対日戦闘を実質上支援していたのです。そして、1940年初めにはクレア・シェンノート少将を指揮官とする義勇航空隊を重慶の蔣介石政権に派遣し、日本の海軍航空隊と交戦させました。さらには、1941年12月の日本による真珠湾攻撃の前の7月に、中国へ爆撃機や戦闘機を送り込み、中国の基地から日本本土の弾薬工場や産業施設を爆撃する戦争計画を立てました。

これらのアメリカの行為は、支那事変の局外者で中立であるべきアメリカがわが国の戦闘相手方の蔣介石軍を軍事支援した行為であり、明らかに国際法違反でした。逆に言うと、アメリカは義勇航空隊を重慶政権に派遣した段階で、実質的に対日開戦をしていたのです。

さらに言えば、アメリカが中国に日本本土爆撃を想定して攻撃用爆撃機などを持ち込むこと自体、日本に対する宣戦布告行為です。日本本土爆撃は準備に手間取っている間に真珠湾攻撃が先に始まったため、結局実施されませんでしたが、アメリカが日本に対し先制攻撃を計画していたことは確かなのです。

私たちは、真珠湾攻撃の前に「アメリカが中国戦線において日本を軍事攻撃していた事実」、また「アメリカが中国の基地から日本を先制攻撃しようと計画していた事実」をはっきりと記憶するべきです。

以上で明らかになったように、支那事変とは日本と中国の間の戦闘ではありませんでした。日本と中国（蔣介石政府）、および蔣介石政権を軍事的、資金的に支援していた米英との戦闘だったのです。

さらに、ソ連コミンテルンが毛沢東の共産軍を支援するとともに、共産党分子が国民党内に入り込んで対日謀略活動や在留日本人虐殺事件を起こしていたのです。まさしく、「日本」対「中米ソの連合国」との戦いでした。

このような状況下で起こった支那事変は、いかなる観点からも日本の侵略戦争とは言えません。それは、小学生でもわかる自明のことではないでしょうか。

第三部

【ルーズベルト大統領時代のアメリカ】

アメリカはなぜ日本に戦争を仕掛けたのか

昨年（2021年）も12月8日の「真珠湾攻撃」記念の日がやってきました。昨年は開戦80年の節目に当たることもあって、12月8日の開戦記念日を中心にして「大東亜戦争とは何だったのか」の特集がメディアで取り上げられました。

メディアの問題意識は「どうして日本は大東亜戦争を始めたのか」というラインで一致していました。この観点からの書籍も少なからず出版されました。しかし私の関心は、なぜ日本が戦争を始めたのかではなく、なぜアメリカは日本を攻撃したのかです。なぜなら、先に日本に宣戦布告したのはアメリカだからです。

ここまでは、ウッドロー・ウィルソン大統領就任以来、アメリカが着実に日本に冷淡になっていく過程を検分してきました。アメリカは「日本を追い詰める」という明白な意図をもって、ワシントン条約以来じわじわと日本を締め上げてきたのです。

第三部では、日本に戦争を嗾《けしか》けたフランクリン・ルーズベルト政権の正体を明らかにしていきたいと思います。

Ⅰ　ルーズベルト政権秘話

ルーズベルト大統領も国際主義者だった！

1932年の大統領選挙で現職のフーバー大統領に勝利したフランクリン・ルーズベルトは、ウィルソン政権と同様、社会主義者の側近に周りを固められていました。ルーズベルトはたまたまソ連から共産主義者のスパイを送り込まれていたのではありません。社会主義者の側近たちが、これらのスパイを故意に政権中枢に呼び込んだのです。これらの勢力によって、日本をターゲットにした様々な工作が行われました。

ルーズベルト大統領の側近に社会主義者を送り込むことが成功した理由の一つは、ルーズベルトもウィルソンと同様「国際主義者」であったという事実です。むしろ、「ルーズベルトは国際主義者的性格ゆえに大統領にまで上り詰めることができた」と言うことも可能です。

ルーズベルト大統領のキングメーカーたちにとって、ルーズベルトが好ましい人物であったことを、オクシデンタル石油の経営者でロシア革命の熱狂的支持者であったユダヤ系のアマンド・ハマーは、自伝『ドクター・ハマー』（ダイヤモンド社）の中で、次のように表現しています。

「彼（ルーズベルト）はアメリカの政治体制を熱烈に擁護したが、同時に、アメリカの富が国民のためばかりではなく、全世界のために利用されるべきだと考えていた。そして、アメリカが全人類の進歩のために欠くことのできない存在であり、またそうなることが可能だと信じて疑わなかった。これこそ、あの雄弁と機知と魅力、そして思いやりをもって彼が提唱したニューディールの意義であり、推進力だったのである」

きれいな言葉で書いてありますが、ニューディール政策の世界的意義について巧妙に述べていることに注目する必要があります。つまり、「ニューディールとはアメリカが全人類の進歩のために貢献する手段だ」と言っているのです。

これはどういう意味かと言うと、「ニューディールはアメリカ人の富を使って社会主義的政策を世界に広めていく構想である」ということを暴露したものです。だからこそ、社会主義者であるユダヤ系アメリカ人がニューディール政策の推進を担ったのです。逆に言えば、「1929年の大恐慌は、世界に社会主義を広めるために計画された」とも言えるのです。

ルーズベルト大統領が自らの意思であったか、あるいは側近のアドバイスに従った結果であったかはともかく、もし世界を社会主義化する構想を抱いていたとするならば、中国や満洲を巡る事態において、ルーズベルトには日本の正統な利益を考慮する意図は毛頭なかったということがわかるのです。

「日本蔑視」の大統領

加えて、ルーズベルトは歴代大統領の中でも人種差別意識の強い大統領でしたが、とりわけ「日本嫌い」「日本蔑視」は特筆されてよいでしょう。ルーズベルトの日本嫌いはまさに感情問題そのものでした。したがって、理性的な対日政策を期待することができなかったことも、日本にとっては不幸であったと言えます。

しかし、単に有色人種の日本人嫌いという性格から、ルーズベルト大統領の対日政策が生まれたと即断するわけにはいきません。世界を社会主義化するという遠大な構想の一環として、対日政策があったと判断するべきでしょう。とすれば、世界社会主義化の最大のターゲット国である中国に対して、わが国がそれを阻止することは絶対に認められないと考えたとしても不思議ではありません。

ウィルソン大統領以来の国際金融家勢力による世界社会主義化戦略が、1930年代になってロシアに続いて東欧諸国がターゲットとなり、同時に中国の社会主義化の機が熟したためにわが国は満洲事変に巻き込まれ、また支那事変の泥沼に足を取られる結果となってしまったのです。

本書は日米関係の通史ではありませんので、時系列的にルーズベルト大統領の対日政策を整理するものではありません。ウィルソン大統領の項で見ましたように、ルーズベルトを動かしていた人物たちの動向に焦点を当てて、日米戦争の隠された真実に迫るものです。そこで、ルーズベルトを取り巻く人物の話から始めたいと思います。

生きていたハウス大佐、再び

1932年の民主党大会で大統領候補の指名を受けたフランクリン・ルーズベルトは、当時マサチューセッツ州に住んでいたマンデル・ハウス大佐を訪問しました。このことをカーチス・ドールが『操られたルーズベルト』の中で明かしています。これを読んだとき、私はドールが何を言いたかったのかよく理解できました。

ハウス大佐は、先に述べたようにウィルソン大統領の第一の側近で、ウィルソンとキングメーカーたるバーナード・バルークや国際金融家ポール・ウオーバーグとの連絡係でした。しかし、ウィルソン政権の晩年にはウィルソン夫人に遠ざけられ、ウィルソンの葬儀にも出席が叶いませんでした。以後、共和党大統領の時代が続き、ハウス大佐はワシントンの政界からは過去の人と見なされていたのです。

政治的な影響力がなくなっていたと見られたにもかかわらず、ルーズベルト大統領候補がわざわざハウス大佐を訪問したことは、ルーズベルトとハウスとの関係や、ルーズベルトの政治手法を占う上で極めて深い意味があると考えられます。

実は、この以前にハウス大佐とルーズベルト大統領との接点があったのです。ルーズベルトはウィルソン大統領の下で海軍次官を務めましたが、このときハウスはルーズベルトを知ることになりました。

ユースタス・マリンズが著書『民間が所有する中央銀行』の中でハウス大佐の伝記作家チャールズ・セイモアの『ハウス大佐の親書』を引いて述べるところで、ハウスは1938年に亡くなる直前に述懐して、ルーズベルトを民主党候補に指名した運動に密接にかかわっていたことを認めています。

だからこそ、ルーズベルトは大統領候補に指名を受けたその足で、ハウス大佐にお礼を言うために訪問したのです。ルーズベルトはハウスに自由に助言するよう頼んだということです。ハウスはルーズベルトに対し、亡くなるまでの数年間にわたり助言していたと見られます。

セイモアは、ウィルソン政権後の歴代共和党政権下の時代を含めハウス大佐が亡くなるまでの間、政治の中心にいたことを明かしています。この事実はほとんどの人に気づかれることがなかったようです。アメリカを訪れた重要な外国人はすべてハウスにコンタクトしてきたというのです。

また、すべての大使が頻繁にハウス大佐に報告にきたと明かしています。「日本の要人や大使がどの程度ハウス大佐にコンタクトしていたのか」、歴史学者や政治学者にぜひこの点を究明してほしいものです。

ルーズベルトの政治手法については、ハウス大佐との関係から容易に想像できますが、晴れて大統領選挙で現職のフーバー大統領を破って当選したルーズベルトは、ウィルソンと同様、キングメーカーの指定した側近を重用する政治を行うことになるのです。

ハウス大佐の回想が示唆しているように、ルーズベルトもウィルソン同様キングメーカーによって大統領候補に選ばれ、大統領に当選してからは女婿カーチス・ドールが告白しているように、彼らに操られていたのです。

ルイス・ハウとは何者だ

最初にルーズベルトの側近であったのは、ルイス・ハウという人物です。ハウはニューヨークの地方新聞の記者をしていましたが、ニューヨーク州知事時代（1929〜32年）のルーズベルトに惚れ込んで、世話を焼くようになりました。

やがて、マンハッタンのルーズベルトのマンションに同居するようになります。ハウもハウス大佐と同様、自らの夢の実現をルーズベルトに託したわけです。ハウはかくして、ルーズベルト夫妻と生活を共にすることによって、ルーズベルトのみならずエレノア夫人に対しても大きな影響を与えることになりました。

ハウは社会主義者であり、エレノア夫人に対して社会主義教育を施しました。「エレノア夫人は、ルーズベルト大統領以上に社会主義者だった」と言われるほどです。ルーズベルト亡き後、エレノア夫人は国連での活動に活路を見出すことになります。「世界人権宣言」をまとめたことなどがよく知られていますが、世界人権宣言とは人権が人類の普遍的価値であると強調することによって、〝国家を超えた価値〟を広めようとする社会主義的イデオロギーの具体化なのです。

ハウのソ連とのかかわりに関して、カーチス・ドールは『操られたルーズベルト』の中で、興味あるエピソードを伝えています。それはホワイトハウスのハウを訪れた少人数のグループのことです。ホワイトハウスの訪問者として似つかわしくないこのグループは、一体何者なのか。

ドールがこの一行に関して詰問調で質問したのに対し、ハウは怒りで興奮して、ドールの質問の仕方を諫《いさ》めたというのです。その口吻《こうふん》にカチンときたドールは、ハウに対して「彼らはソ連からまっすぐホワイトハウスへきたように見えた」と言い残して、ハウと決別したということです。

このハウの家族はマサチューセッツ州のハウス大佐の住居の近くに住んでいたそうです。ハウはときどき家族の許《もと》に帰っていたそうですが、その際当然のことながらハウスとコンタクトをしていたと見られます。

先に述べましたが、ハウス大佐がルーズベルト大統領にも影響力を持っていた以上、二人が緊密に連絡し合っていたことは疑いなく、またルーズベルトが大統領候補に指名された直後のハウス訪問をアレンジしたのも、ハウで間違いないでしょう。

ルーズベルトを最後まで操ったハリー・ホプキンス

しかし、ハウはその後まもなく亡くなります。ハウの後を継いだのがハリー・ホプキンス（1890～1946年）です。ホプキンスがどうして側近に選ばれたのかは、ロックフェラー家との関係が大きかったからと見られます。ホプキンスはロックフェラー・グループで働いていました。

そして、自らが率いる社会事業団体はロックフェラー財団から10年以上にわたり資金援助を受けていたのです。それまで中央政界ではまったくの無名であり、ニューヨーク州の社会運動家にすぎなかったホプキンスが、ルーズベルト大統領の側近にリクルートされたのには、元の雇用主で資金援助者であるロックフェラー家の推薦があったことが容易に想像できます。

社会運動家というのは、ニューディール政策の下でできた社会保障政策の実践とのかかわりのある仕事と言えます。したがって、ニューディールが住民現場でどのような効果を上げているのかについて関心のあったルーズベルトが、ホプキンスの仕事ぶりに興味を抱いたとしても不思議ではなかったでしょう。

言うまでもなく、社会の様々なひずみの改善を仕事にする社会運動家という職業自体、社会主義的です。事実、ホプキンスは共産主義者でした。ルーズベルト大統領の最も近くにいる補佐官が共産主義者であったことは、ルーズベルト政権の性格を説明して余りあります。ホプキンスは「日々、ルーズベルトが共産主義にシンパシーを持つように洗脳していた」のです。

ホプキンスはヤルタ会談など世界の運命を決めた首脳会談にルーズベルトの側近として参加しています。ホプキンスはルーズベルト大統領に対する影響力の大きさから、大統領代理と呼ばれるほどでした（ウイリアム・イングドール『Gods of Money』）。

いずれにせよ、ホプキンスの人物像に私たちはもっと関心を持つべきです。なぜなら、ホプキンスはルーズベルト大統領の特別補佐官になり、アメリカの重要な政策決定にインサイダーの一人として関与することになるからです。

ちなみに、この特別補佐官というポストは、ホプキンスをホワイトハウスに入れるために設けられたもので、アメリカ憲法や法律の根拠はありません。アメリカ議会のコントロールが効かない、いわば令外官《りょうげのかん》（令制に規定のない官職）なのです。戦後、安全保障担当大統領補佐官として活躍したヘンリー・キッシンジャーやズビグネフ・ブレジンスキーも、もちろん議会の指名を必要としない令外官です。

アメリカ政治の中枢に法体系から離れた非公式のポストが存在している事実に、私たちはもっと注目すべきでしょう。いわば私人にアメリカの対外政策の運命が握られているのですから。

それはともあれ、ホプキンスは対日戦争計画にもかかわることになります。ハウがどちらかというと書生上がりの秘書という存在であったのに比べ、ホプキンスこそ第二のハウス大佐に相応《ふさわ》しい地位に就いたと言えます。

Ⅱ　仕組まれた真珠湾攻撃

真珠湾の謀略は必要だったのか

なぜ、フランクリン・ルーズベルトは日本に戦争を仕掛けることを考えついたのでしょうか。

今日では、真珠湾攻撃については次のように言われています。

- アメリカは日本軍や外務省の暗号を解読しており、攻撃が行われることは事前に承知していた
- アメリカの損害を相当な規模にするために、ハワイの太平洋艦隊司令長官ハズバンド・キンメル提督とウォルター・ショート陸軍大将には、日本軍の攻撃情報を故意に与えなかった

・その結果、不意を突かれた真珠湾のアメリカ艦隊が大損害を受けた
・しかも、日本政府の宣戦布告文の手交がワシントンの日本大使館のミスで攻撃開始後になってしまったため、卑劣なだまし討ちとなってアメリカ世論を一夜にして硬化させ、アメリカ議会が対日宣戦布告を行った

以上が、アメリカ側の資料などによって明らかになっている事実です。

近年のアメリカ政府資料の開示や研究の進展などによって、日米戦争に関して言えば、日本が一方的にアメリカを侵略したのではなく、アメリカがわが国を挑発して第一撃を討たせようと画策したということが明らかになりました。最近の書籍では、米国歴史協会会長を務めたチャールズ・ビーアド教授の『ルーズベルトの責任』（藤原書店）やジャーナリストのロバート・スティネットの『真珠湾の真実』（文藝春秋）が特に注目されます。

いずれも、ルーズベルト大統領が様々な方法を駆使して日本を開戦に追い込む過程を説得的に解明した書として歴史的な価値を有すると言えましょう。本書はこれらのアメリカの最近の研究などに依拠しつつも、「ルーズベルト大統領がなぜ対日開戦を画策しなければならなかったのか」、その理由に迫るものです。

日本がアメリカを攻撃するようにリーダーシップをとったのはルーズベルト大統領その

人であり、対日戦争挑発計画を具体化したのが「マッカラム覚書」です。ただし、いわゆる「日本軍のだまし討ち」については、日本大使館のミスという偶然の結果にすぎず、もし本国の指示通りに宣戦布告文を手交していたら、これほどアメリカ世論を硬化させなかったかもしれません。

しかし、すでに日本軍による真珠湾軍事攻撃が行われ、遅れたとはいえ対米宣戦布告も行われたわけですから、アメリカが日本に宣戦布告すること自体は当然のことであって、だまし討ちを理由とするものではあり得ません。だまし討ちは、いわば余計な悪印象をアメリカに与えはしましたが、そのこと自体がアメリカ議会をして日本への宣戦を決めさせた決定的要因ではもちろんありませんでした。したがって、日本としては時間通りに手交していれば、だまし討ちという余計な非難を浴びることはなかったでしょうが、日米戦争を避けることには当然のこととしてなり得なかったのです。

日本大使館のミスは極めて重大であり、「卑劣なだまし討ち」と非難する口実をアメリカに与えてしまった軽率な行為は決して弁解できるものではありません。しかしながら、同時に私たちとしては、このミス自体はアメリカの日本締めつけの結果、自衛のために立ち上がらざるを得なかったとの日本の言い分を損ねるものではなかったことを、十分記憶しておくべきだと考えます。

自国民を犠牲にしたルーズベルト

常識的に考えれば、ルーズベルトがとった味方を裏切ってまで華々しく対日戦争に入るという謀略の効果には疑問が出てきます。あえて、真珠湾を無防備にしておかなくても、日本軍の奇襲的攻撃に対して真珠湾のアメリカ太平洋艦隊がそれなりの準備をして反撃したとしても、アメリカ国民に対して参戦を促す上で何の逆効果もなかったと考えられるからです。

つまり、日本海軍航空隊を迎え撃って太平洋艦隊の損害を軽微にしていても、日本がすでにアメリカに対し宣戦布告した以上、アメリカがそれに応えて日本に宣戦布告することには何の支障もなかったはずです。日本がアメリカに宣戦布告したのですから、アメリカは日本と、いわば自動的に戦闘状態に入ったわけであり、アメリカ議会による宣戦布告は形式的であったのです。

そう考えると、ルーズベルト大統領が日本の暗号を解読して、真珠湾攻撃の日時について正確に把握していたにもかかわらず、その重要な情報を真珠湾の太平洋艦隊司令長官キンメル提督に与えず、あえて大損害を被らせたことはどうしても納得がいきません。

唯一考えられる理由は、日本に参戦するための口実ではなく、アメリカは日本と戦争することなど端《はな》から考えていなかったと開き直る証拠として、真珠湾を無防備にしておいたということぐらいでしょう（現に12月6日、ルーズベルトは天皇陛下に親電を送り、日米の平和を希求しているとのアリバイ作りを行っています）。

つまり将来、万が一ルーズベルトの日本挑発行為が明るみに出た際に、「日本が挑発されて戦争に訴えることなど想定していなかった」として、自身の責任を逃れるために真珠湾を無防備にしておき、日本軍の攻撃が迫っていることを事前に知りながら、あえてキンメル提督に知らせなかったのです。

ルーズベルト大統領は自ら指揮した日本挑発行為が、疚《やま》しいことは重々承知していたのでしょう。だからこそ、戦争を挑発していたとは想定していなかったとのアリバイ工作として、真珠湾のアメリカ人2000人余の命を犠牲にしたのです。ルーズベルトのこの行為は決して国家の大義のためにアメリカ国民に犠牲を求めたのではなく、自らの疚しさを繕《つくろ》うためだったのです。

先に挙げたロバート・スティネットは『真珠湾の真実』の中で、「ルーズベルトが民主主義を守るという大義の下、第二次世界大戦に参戦してイギリスを助けるために日本を挑発したこと、そして真珠湾の軍人を犠牲にしたことは正しかった」と結論づけています。

しかし、私はこのスティネットの判断には同意できません。彼は「裏口参戦論」を採用していますが、この議論は正しくないからです。ルーズベルト大統領が日本を挑発したのは、日本と戦争するためであって、決して裏口からヨーロッパ戦線に参戦するために日本を踏み台にしただけではなかったのです。

もっとも、日本と戦争になることによって、ヒトラーのドイツがアメリカに参戦することは期待していたでしょう。確かに、アメリカの世論は戦争に反対していました。何よりも、ルーズベルト自身、アメリカは参戦しないことを公約にして大統領に三選されたのです。

しかし、第一次世界大戦へのアメリカの参戦にも同様に世論の強力な反対がありました。ですから、真珠湾攻撃といった強烈なドラマがなくても、アメリカはドイツに参戦することができたはずです。

この故事に鑑みると、裏口参戦といった奇策を考えなくてもドイツに参戦する方法はあったと思います。そう考えれば、「ドイツに参戦するために、日本に第一撃を討たせて日米戦争に突入し、ドイツが三国同盟の精神に従い対米戦に参戦させる」という複雑な手法を、あえてとる必要はなかったと判断せざるを得ないのです。

アメリカの正統派歴史学者が主張するように、三国同盟条約は厳密に解釈すれば「ドイツは日本がアメリカを攻撃したからといって、自動的にアメリカへの参戦義務を負っていない」のです。日本がアメリカから先に攻撃された場合は、ドイツはアメリカに宣戦する義務がありますが、日本がアメリカを先に攻撃した真珠湾のケースでは、ドイツはアメリカに宣戦する条約上の義務はありません。

もう、読者の皆様はお気づきと思いますが、もしアメリカが本当に裏口からドイツに参戦することを狙っていたのなら、アメリカが最初に日本を攻撃すればよかったのです。この場合は、三国同盟の規定に従い、攻撃を受けた日本を援助するため、ドイツはアメリカに参戦する義務があるからです（もっとも、ルーズベルトが先に日本に宣戦布告をしようとしても、アメリカ議会がこれを承認することはまずなかったと思いますが……）。

このように考えると、ドイツがアメリカに宣戦してくれたのでアメリカは晴れてドイツとの戦争に参加できたが、ドイツとの戦争をしたいがために日本を挑発したという裏口論は、根拠に欠けることになります。アメリカは、ドイツとは切り離して日本と戦争する必要があったのです。

アメリカはどうしても日本と戦争する必要があった

私たちにとっての最大の問題は「なぜルーズベルトは日本との戦争を仕組んだのか」という、その理由です。その理由を解明することが、わが国の歴史認識問題に最終的に終止符を打つことになるのです。真珠湾攻撃から数日後、三国同盟の好《よしみ》からドイツはアメリカに宣戦布告しました。かくして、アメリカは晴れてヨーロッパ戦線に参戦することとなったのです。

しかし、考えてみてください。ドイツとの戦争を行うために、アメリカは日本に対したと同様にドイツに対しても挑発していましたが、「第二の真珠湾」は用意していませんでした。それはなぜでしょうか。ドイツが日本の対米宣戦布告を受けてアメリカに宣戦布告したから、アメリカは堂々とドイツと戦争ができたのです。そうすると、「真珠湾の欺瞞は本来必要ではなかった」と改めて言えるのです。

先ほど挙げた理由にあえてつけ加えるとしたら、日本をアメリカとの戦争へと挑発するためには、どうしても真珠湾を攻撃させる必要があったのです。たとえ日本がアメリカの植民地のフィリピンを攻撃したとしても、アメリカ議会が日本に宣戦布告することは困難であったと考えられるからです。ましてや、日本が石油確保のためにオランダ領インドネシアを攻撃した場合は、当然のことながらアメリカが日本に宣戦布告することは不可能でした。

このように考えていくと、一つの結論に至ります。それは、「ドイツとの戦争を開始する前に日本との戦争に入る必要があった」ということです。アメリカがドイツを民主主義の敵であり、イギリスを助けなければならないと考えていたのなら、ドイツにアメリカを攻撃させる〝挑発〟に集中してもよかったのです。もし、ドイツの対米攻撃による「米独戦争」が先に行われていたとするなら、日米戦争は発生しなかったでしょう。

しかし、そのような事態はルーズベルトにとって好ましくありませんでした。ルーズベルトにはどうしても日本と戦争する必要があったのです。なぜなら、中国を共産化するためには中国における日本の影響力をなくす必要があったからです。

アメリカが日本より先にドイツとの戦争に突入してしまえば、中国に介入するチャンスが失われる危険がありました。だから、ルーズベルトはどうしてもドイツより先に日本と戦争をする必要があったわけです。裏口参戦論はアメリカの真意を糊塗《こと》する必要から流されたディスインフォメーションであったと私は考えます。

その証拠はすでに述べました。アメリカはヒトラーがポーランドに侵攻して第二次世界大戦が始まる1939年9月より前に、西安事件を操り、支那事変では蔣介石に借款を与えたり、武器援助を行うなど、事実上蔣介石側に立って日本と戦っていたのです。

しかし、蔣介石を支援して正面から日本と戦うには、日本と正式に戦争状態に入ることが必要でした。議会に日本への宣戦布告を行わせるためには、日本を挑発してアメリカ本土（ハワイを含む）を攻撃させることが必要でした。このような理由から、アメリカは真珠湾が無防備であることを日本の諜報機関に故意に悟らせて、真珠湾への日本の第一撃を誘ったと考えられるのです。

Ⅲ　日本を戦争へ導く「マッカラム覚書」

アメリカはいかにして日本を追い詰めたか

いわゆる「裏口参戦論」は依然として盛んですが、先に検証したようにフランクリン・ルーズベルトはヒトラーと戦うための入り口として日本と戦うことを欲したのではありません。中国を共産化するために日本と戦うことが、アメリカの独立した目的でした。ルーズベルト大統領は、対独戦争と対日戦争をそれぞれ異なった理由から同程度に重視していたのです。

それではこれから、ルーズベルト大統領が具体的にどのようにして日本を締め上げていったのかを見ていきます。私たちがアメリカの日本挑発行為として記憶しておかなければならないのが、「マッカラム覚書」です。日本を戦争に挑発する行動計画八か条のこの覚書は、１９４０年10月７日に作成されました。作成者は海軍情報部極東課長のアーサー・

マッカラム海軍少佐です。

マッカラムは宣教師の両親の息子として長崎で生まれ、少年時代を日本で過ごしました。帰国後は海軍兵学校に入学し、卒業後は日本のアメリカ大使館付海軍武官として再び日本で過ごすことになりました。

しかし、スティネットの『真珠湾の真実』によれば、海軍武官時代のマッカラムは必ずしも日本に好意を抱いていなかったようで、日本のアメリカに対する冷淡な態度に逆恨みするようになったということです。マッカラムが知日派でありながら、同時に日本に恨みを抱いていたことがこの戦争挑発計画を作成する動機になったことは、因縁を感じてしまいます。日本を対米戦争に導くための八項目とは以下の通りです。

①太平洋の英軍基地、特にシンガポールの使用について英国との協定締結
②蘭印（オランダ領東インド／現在のインドネシア）内の基地施設の使用、および補給物資の取得に関するオランダとの協定締結
③中国の蔣介石政権に可能な、あらゆる援助の提供
④遠距離航行能力を有する重巡洋艦一個戦隊を東洋、フィリピン、またはシンガポールへ派遣すること

⑤潜水戦隊二隊の東洋派遣
⑥現在、太平洋のハワイ諸島にいる米艦隊主力を維持すること
⑦日本の不当な経済的要求、特に石油に対する要求をオランダが拒否するよう主張すること
⑧英帝国が日本に対して押しつける同様な通商禁止と協力して行われる、日本との全面的な通商禁止

さて、このマッカラム覚書が完成したのは1940年10月7日ですが、「ルーズベルト大統領の関与を得て、マッカラムの八項目提案は翌日からさっそく組織的に実施に移された」のです（ロバート・スティネット前掲書）。

この覚書に従い、アメリカは1940年の10月から翌1941年の12月までの一年余にわたり、組織的に日本を挑発して日本に第一撃を行わせることが、ルーズベルト大統領の確固たる方針となったのです。もう、わが国のいかなる対米関係改善の提案もアメリカを動かすことはなくなったわけです。賽《さい》は投げられました。アメリカは日本を挑発して戦争させることを決断していたのです。

マッカラム覚書がルーズベルトの承認を得た「1940年10月7日を以て、アメリカは事実上、日本に対し宣戦布告した」と見なされるのです。わが国が必死でアメリカとの摩

擦を避けるために対米交渉に全力を挙げていたとき、アメリカはすでに日本との戦争を決めていたのです。わが国は無駄な和平努力を最後まで強いられました。しかしマッカラム覚書の存在は、わが国の対米戦争が自衛戦争であったことを証明してくれています。

先に何度も出てきたヘンリー・スティムソン陸軍長官は自らの日記の中で、マッカラム八項目を知っていた人物として、ルーズベルト大統領のほかに、陸軍、海軍の要人を挙げていますが、その中にジョージ・マーシャル陸軍大将（陸軍参謀総長）がいたことは注目してよいでしょう。

『操られたルーズベルト』によれば、わが国の対米宣戦布告電報を暗号解読によって事前に知ったハロルド・スターク海軍作戦部長が、同席していたマーシャル参謀総長に「ハワイのキンメル太平洋艦隊司令長官にすぐ無電を打って警戒させよう」と言ったとき、マーシャルは「無電を使うと日本に察知されて事態を複雑にするので、自分がキンメルに電報する」と答えたのです。そして、マーシャルは、なんと、わざわざ商業電報を使い、日本軍の攻撃情報が真珠湾攻撃終了後にキンメルの下に到着するよう画策したのです。

つまり、マーシャル参謀総長はキンメル司令長官に日本軍の攻撃が間近に迫っていることをわざと知らせなかったのです。これこそ、陰謀そのものです。マーシャルが一存でこのようなハワイ艦隊を犠牲にする背信行動をとれるはずがありません。ルーズベルト大統領の意向を受けて、キンメルに事前に知らせなかったことは明らかです。

このときのマーシャル参謀総長の行動から判断されることは、彼はルーズベルト大統領の日本挑発作戦の真意を知る数少ないインナーサークルの一員であったということです。なぜなら、スターク海軍作戦部長もマッカラム覚書を知っていた一人なのですが、スタークはハワイ艦隊を犠牲にするとのルーズベルトの策謀までは知らされていなかったからです。

「マッカラム覚書」はどのように実施されたのか

マッカラム覚書を見るだけで、アメリカの日本に対する侵略意図が明らかですが、念のためそれぞれがどう具体化されたかを簡単に説明します。

《蔣介石支援》

先に支那事変におけるアメリカの蔣介石支援について述べましたが、マッカラム覚書の第三項がアメリカの蔣介石支援を明確化しています。すでに、1940年9月にアメリカは蔣介石政府に対し2500万ドルの借款供与を決定していましたが、この項目の具体化策として、ルーズベルト大統領は翌年4月15日にアメリカ軍人に対しフライング・タイガース戦闘機部隊に自主的に志願するよう行政命令を出しました。

このような戦争行為を議会の承認なしに行えるのか疑問ですが、大統領命令という形でフライング・タイガース部隊への志願を促したことは、もう公式に日本との戦争に突入したといっても差し支えありません。このように、アメリカは中国とともに日本と戦争をしていたのです。

アメリカは1941年4月15日を以て、事実上日本に宣戦布告しました。したがって、同年12月8日のわが国の真珠湾攻撃はかかる宣戦布告に対する返答であったと言えるのです。

《蘭印石油輸入阻止》

次に、第二項と七項にあるオランダの石油資源への日本のアクセスを阻止する工作です。この項目は極めて重要でした。

なぜなら、もし日本が蘭印の石油を入手することができれば、アメリカの日本締めつけ政策は破綻《はたん》してしまうからです。事の重要さに鑑み、ルーズベルト自身がオランダとの交渉に乗り出しました。ルーズベルトはファン・クレフェンズ・オランダ外相などと会談し、日本とオランダで行われていた石油輸入交渉の詳細の報告を受け、対応を指示しています。

この交渉は日本に石油を売る意思がないオランダ側の執拗な引き伸ばし作戦にあって、結局失敗しました。日本が交渉によって平和裡《へいわり》に蘭印から石油を輸入する道が閉ざされたのです。この対日交渉はいわばオランダとアメリカの共同作戦でした。両国は共同して日本を経済的に追い詰めたのです。

《日本との全面的通商禁止》

第八項の日本との全面的な通商の禁止は広く知られていることですが、念のため簡単に触れておきます。すでに、1939年7月26日にアメリカは日米通商条約の破棄を通告、さらに翌年9月には屑鉄などの禁輸措置をとってきました。

1941年7月、フランス政府（ドイツ占領下のヴィシー政権）との合意に基づきわが国が南部仏印に進駐した後の7月25日には在米日本資産凍結令を発布、続いて翌日イギリスが在英日本資産凍結、日英通商条約などの破棄を通告、さらにはニュージーランドや蘭印が追随して通商など経済関係の破棄を通告してきたのです。

加えて、アメリカは8月1日に対日石油輸出を全面的に禁止しました。このような米英蘭ニュージーランドによる一致した対日経済封鎖は、これら諸国が対日戦争挑発行為を共同で行った何よりの証拠です。これによって、わが国は満洲、中国、仏印（フランス領インドシナ）、タイ以外の諸国との貿易はまったく不可能となりました。まさに経済的破綻の危機に陥らされたのです。

先に中国に戦闘部隊を派遣する大統領行政命令の発布を以て、アメリカは日本に宣戦布告したと述べましたが、第二の宣戦布告がこれら一連の通商全面禁止でした。わが国の満洲事変以降の行動はパリ不戦条約に違反した侵略であるというのが、先の安倍談話に関するメディアなどの評価ですが、このような評価はパリ不戦条約の意味を完全に誤解しています。

パリ不戦条約は経済的封鎖を侵略行為と認めているのです。この条約を巡るやり取りの中で、不戦条約の起案者の一人である当のアメリカのケロッグ国務長官は通商禁止などの経済封鎖や経済制裁も侵略に含まれると明言しています。

アメリカがとった日本との全面的通商禁止措置は、まぎれもなく日本に対する侵略行為なのです。パリ不戦条約に違反したのはアメリカであって、決して日本ではありません。ケロッグ国務長官の弁を待つまでもなく通商を全面禁止されれば、通常は戦争に訴えても非難されることはありません。それにもかかわらず、わが国は何とかアメリカとの衝突を回避しようと懸命に打開策を探りました。このようなわが国の態度をどうしてアメリカを侵略する意図があったと非難できるのでしょうか。

わが国のいわば最後の訴えにアメリカが真剣に対応したことは当然ながらありませんでした。まさしく東京裁判において、ローガン弁護人が述べた通りです。

「日本がこの連合国の経済封鎖を以て直ちに宣戦布告に等しきものなりと解釈する事なく、平和的解決を交渉に依って忍耐強く追及いたしました事は、永遠に日本の名誉とするに足る処であります。……其れ（大東亜戦争）は不当の挑発に起因した、国家存立のための自衛戦争であったのであります」（小堀桂一郎編『東京裁判　日本の弁明』講談社学術文庫）。

この事実を後の世代に引き継いでいくことは、私たちの義務であると確信します。

ついでに敷衍《ふえん》しますと、安倍総理談話に関する新聞メディアの社説の中には、「満洲事変以降の旧日本軍の行動は侵略そのものである。自衛以外の戦争を禁じた1928年のパリ不戦条約にも違反する」（2015年8月15日付読売新聞）と勇ましく論じています。この社説子《しゃせつし》（論説委員）はパリ不戦条約の趣旨を意図的にごまかしたと言わざるを得ません。

読売新聞以外にも学者や評論家を含め「日本の行為はパリ不戦条約違反であった」と声高に主張して憚らない人たちが少なくありませんので（その多くは無知によるものと思います）、大変重要な点に触れておきます。

読売新聞社説がパリ不戦条約は自衛以外の戦争を禁止したと述べているのは、意図的な洗脳です。なぜなら、自衛戦争であるか否かの判断は当事国がするとされていたのです。しかもこの点を明らかにしたのはアメリカのケロッグ国務長官でした。ケロッグ長官はアメリカ議会において、「不戦条約は国家の政策の手段としての戦争の放棄を謳っているが、自衛のためならば戦争に訴えることは構わないし、自衛戦争を行う必要があるかどうかはその国の判断に任されている」と演説して、この条約に懐疑的な議員を説得したのです。

その後アメリカ政府は各国の批准を促すために、「不戦条約のアメリカ案中のいかなる規定も、自衛権をいささかも制限または毀損《きそん》するものではない。自衛権は、あらゆる主権国家に固有なものであり、あらゆる条約中に暗黙裡に含まれている。各国は、いかなる場合にも、条約規定と関係なく、自国の領域を攻撃または侵入から防衛する自由を有し、かつ自国のみが、事態が自衛のための戦争に訴えることを必要とするか否かにつき決定する権限を有する」との覚書をわが国を含む関係国に送付しました（佐藤和男監修『世界がさばく東京裁判』明成社）。

外交文書ですので堅苦しい言葉が並んでいますが、要は「自国が行った戦争が自衛戦争であるか否かは自国で決定することができる」ことを、条約締結国の共通理解としようとの提案でした。外交用語ではこのような理解のことを「留保条件」と言いますが、各国はこのような留保を付してパリ不戦条約の締約国となったのです。当然のことながら、わが国も不戦条約に関する解釈はアメリカと同様であることを、覚書でアメリカに回答しました。

多くの植民地を有するイギリスは大英帝国の権益を守るために、さらに徹底した留保条件をつけました。イギリスは植民地防衛のみならず、イギリスの平和と安全のために特別かつ死活的な利益を構成する諸地域を守ることも自衛権の範囲内であることを宣言したのです。この解釈はわが国にとっても重要な意義を持つものでした。満洲や中国を含むその他の地域におけるわが国の権益保護のために実力を行使することも、自衛の範囲内であると解釈されるようになったのです。

なお念のためですが、そもそも不戦条約が自衛戦争を除外するよう主張したのは、アメリカとイギリスとフランスだったのです。当初わが国はそのような考えはなく、アメリカやイギリスなどの留保条件に同意したにすぎません。この条約を換骨奪胎《かんこつだったい》したのは提案国のアメリカとフランス、それに両国に同調して自衛の範囲を拡大したイギリスであったことは記憶されてよいでしょう。なぜなら、この後に、アメリカやイギリスがわが国の不戦条約違反を声高に非難することになるからです。

もう一点指摘しておきます。それはソ連もパリ不戦条約の加盟国だったことです。そして、ソ連こそ不戦条約を侵犯した第一号であったのです。

1929年、満洲の張学良政権はハルピンのソ連領事館捜索で共産革命計画書を押収するとともに、東支鉄道の実力回収に踏み切りました。これに対し、同年11月、ソ連軍はソ満国境を越え、満洲に侵入しました。この結果、張学良の軍隊は撃退され、ソ連は東支鉄道の奪還に成功したのです。

この紛争に関し、米英などの諸国は「不戦条約の義務」についてソ連に注意を喚起しましたが、ソ連は満洲侵攻は自衛行動であると反論したため、本件は沙汰止みになってしまいました。このわずか2年後に発生した満洲事変において、わが国は関東軍の行動は自衛措置であると抗弁したにもかかわらず、アメリカは日本の不戦条約違反を非難しました。ソ連の満洲侵攻との対応の違いに注目すべきです。

このような点からも、アメリカが共産主義国ソ連に対しては資本主義国日本に対するよりも好意的な態度であったことが証明されます。当時のアメリカの国務長官はスティムソンでしたが、不戦条約の生みの親ケロッグ国務長官の留保条件をアメリカは自ら破ったのです。

それはそれとして、強調しておきたいことは、自衛についてのこのような留保条件が認められたからこそ、アメリカもイギリスもわが国もその他の国もパリ不戦条約を批准したということです。もし、自衛戦争であるかどうかの判断を、例えば「国際連盟が行う」などとされていたら、アメリカもイギリスも、またほとんどの国も批准しなかったでしょう。

ですから、自衛戦争の留保条件こそ、パリ不戦条約を成立させた最大の要因であったのです。この条件を相手によって認めたり否認したりするアメリカの恣意的《しいてき》態度こそ、自らが発意した不戦条約の留保条件に違反していたと言うべきです。

繰り返しますが、わが国が「満洲事変は自衛戦争である」と言えば、それでパリ不戦条約には違反していないのです。この明らかな事実をぜひとも読者の皆様には知っておいてほしいと思います。今後、「先のわが国の戦争はパリ不戦条約に違反したものだ」との主張をお聞きになったら、その主張は誤りであると反論していただきたい。

なお、別の視点からあえて言えば、「そもそもこのようなパリ不戦条約は実質的に意味のない条約であった」ということです。ですから、わが国の戦争がパリ不戦条約に違反していなかったことはもちろんですが、この条約を持ち出して違反した云々と議論すること自体まったく意味のないことでもあるのです。パリ不戦条約は、自国の都合で相手国をパリ不戦条約違反と非難する方便に使うだけの価値しかない紙切れにすぎなかったのです。

《対日軍事挑発》

第一項と第四項から六項は、わが国に対する様々な軍事的威嚇《いかく》や挑発について挙げられたものです。これらの軍事挑発の内でも、第四項の重巡洋艦戦隊を日本領海に送り込み、日本を挑発する計画は特に戦争の危険を伴うものでした。

ルーズベルト大統領はこの作戦を自ら担当すると語り、ポップアップ（飛び出し）行動と名づけたそうです。いかにルーズベルトがこの作戦を重視していたかがわかります。当然のことながら、このようなルーズベルトの火遊びは、まともなアメリカ軍人の反対するところとなりました。

例えば、太平洋艦隊司令長官のハズバンド・キンメルは「ポップアップ作戦は戦争を招く結果となる」として反対しました。ルーズベルトは、このような挑発行動の結果アメリカ巡洋艦を一隻か二隻失っても構わないと考えていたのです（ロバート・スティネット前掲書）。私は、このようにルーズベルトが悪びれずに日本挑発に専念している姿に、およそアメリカの大統領に相応しくない心理的異常さを感じてしまいます。

いかに日本嫌いであるとは言え、また人種差別主義者であるとは言え、アメリカ国民を犠牲にしてまでも日本を戦争へ挑発する計画に、自らのめり込んでいくルーズベルト大統領は、もはや正常な判断ができない状況に追い詰められていたのかもしれません。私たちは、ルーズベルトが異常な執拗さで日本を戦争へと挑発したことを、歴史の真実として記憶しておかなければなりません。

結局、危険なポップアップ作戦は１９４１年３月から７月にわたり実施されましたが、最も挑発的な行動は豊後水道《ぶんご》への出撃でした。豊後水道に船体を黒く塗装した2隻の巡洋艦が接近してきました。2隻の巡洋艦は日本海軍の駆逐艦が向かっていくと夜の暗闇に隠れて見えなくなったということでした。

言うまでもなく、豊後水道はわが国の領海です。日本の領海内にまで侵入して日本を軍事挑発したのです。日本はアメリカの巡洋艦の挑発行為について、ジョセフ・グルー駐日アメリカ大使に抗議しました。ここで極めて重要なことは、日本はあくまで領海を侵犯したアメリカ巡洋艦を攻撃しなかったことです。たとえ領海の外に逃げて行っても、国際法上追跡して攻撃する権利があります。

この明らかな戦争行為にも拘らず日本が自重していたことは、アメリカとの戦争を望んでいなかった証拠と言えます。わが国は国家生存の危機にあっても、ぎりぎりまでアメリカとの戦争を望んでいなかったのです。

ルーズベルトに「対日戦争」を嗾《けしか》けたのは誰か

先に、アメリカの狙いは中国を共産化することだったと述べました。この点に多くの読者は疑問を感じられたかと思います。私たちは、アメリカは民主主義を守るために先の大戦を戦ったと教えられました。多くの方がそのように信じてこられたと思います。

しかし、すぐ疑問が出てきます。本当にアメリカが世界の民主主義を全体主義の蹂躙《じゅうりん》から守るために戦ったというのなら、全体主義の権化である共産主義国ソ連と同盟したのはなぜなのかという基本的な疑問です。

これまで歴史家はこの点について満足の行く回答を示してくれませんでした。ルーズベルトは共産主義を誤解していた、スターリンにだまされていた等々あくまでもルーズベルト無謬説《むびゅうせつ》か、せいぜいが過失説の域を出ていません。依然としてルーズベルトの容共（共産主義を容認する）姿勢を疑問とする段階で留まっています。

このような説には根本的な欠陥があります。それはアメリカの世界戦略を決めていたのは大統領、つまりルーズベルト自身であるという思い込みです。しかし、この思い込みこそが一種の洗脳であり、日米戦争の真実を見えなくしている元凶なのです。私が本書で、マンデル・ハウス大佐、ルイス・ハウ、ハリー・ホプキンス、バーナード・バルーク、ポール・ウオーバーグなど、歴史教科書にはまず出てこない人物に焦点を当てた理由は、「日米戦争を計画したのは、ルーズベルト大統領でもハル国務長官でもなく、大統領や国務長官の背後にいた勢力によって対日戦争が決められていた」と考えるからです。

これらの勢力に属する人物の共通項は、国際主義者であるということです。アメリカ政治は伝統的に孤立主義者と国際主義者との力関係で決まっていました。ウィルソン大統領政権は国際主義政策をとりました。それは、彼の背後にいたマンデル・ハウス大佐やポール・ウオーバーグやバーナード・バルーク、さらにはウオルター・リップマンなどすべて国際主義者であったからです。ウィルソンの理想主義が彼らに利用されたと言ってもよいでしょう。

国際主義とは社会主義と言い換えても差し支えありませんが、国家の価値（国益）よりも、彼らの価値（これを彼らは人類の普遍的価値と擬制します）を上に置くという思想と言えます。ルーズベルト大統領のいわゆるブレーントラストたちも国際主義者でした。隠然たる影響力を保持したマンデル・ハウス大佐、書生のルイス・ハウ、補佐官のハリー・ホプキンス、最高裁判事でルーズベルトのブレーンたちの人事権を持っていたフェリックス・フランクファーター、それに大富豪バーナード・バルーク、これらの人物は皆国際主義者だったのです。

なお、ウィルソン政権を牛耳ったポール・ウオーバーグは1932年に亡くなりましたが、息子のジェイムス・ポール・ウオーバーグがルーズベルト政権の予算局長に任命されました。さらに、ジェイムス・ウオーバーグは第二次世界大戦中に、戦時情報局という諜報機関を設立して、ルーズベルトに影響力を行使し続けました。

「共同謀議」を行ったのはアメリカだ

これらの人間関係を見ると、ウィルソン大統領とルーズベルト大統領には、基本的に同じ人物が背後にいたことがわかります。そして、これらの人物は一貫して世界を社会主義化（共産化）する計画を追及したのです。そう考えると、実は彼らこそ世界統一政府樹立のための「共同謀議」を働いたと言えるのです。

ここで読者の皆様にはぜひ思い出していただきたいことがあります。それは、敗戦後の東京裁判において、連合国を代表してアメリカ人のジョセフ・キーナン主席検事が、わが国の指導部がアジア侵略のために共同謀議を働いたとして、「平和に対する罪」で訴追したことです。

被告人の一人東條英機《とうじょうひでき》元首相は、宣誓供述書の中でこの「共同謀議」という非難は荒唐無稽であるとして、次のように述べています。

「わが国の基本的かつ不変の行政組織において多数の吏僚中のうち少数者が、長期にわたり、数多の内閣を通じて、一定不変の目的を有する共同謀議（この観念は日本には存在しないが）をなしたなどという事は理性ある者の到底思考し得ざる事なることがただちに御了解下さるでありましょう。私はなぜに検察側がかかる空想に近き訴追をなさるかを識るに苦しむ者であります」（東條由布子編『大東亜戦争の真実』ワック）。

「満洲事変以降真珠湾攻撃に至るまで、日本政府の一部の者が一貫してこれらの侵略計画を立て、実行した」というのがキーナン検事の言う「共同謀議」ですが、わが国においてこれが荒唐無稽であることは一目瞭然でした。満洲事変から真珠湾攻撃までの10年間に一貫して政権指導部にあったものは誰一人としていなかったのですから。

いわゆるA級戦犯25人の中には、互いに一度も会ったことのない人たちが含まれていました。わが国の法概念の中には共同謀議はありませんし、一般的にも共同謀議という言葉は存在しなかったのです。日本人の発想に、共同謀議はありませんでした。

共同謀議の意味からすれば、アメリカこそウィルソン政権からルーズベルト政権にかけて30年近く一貫して日本を攻撃する計画を実践してきたのは、アメリカ大統領の裏に控えていた国際金融勢力、いわゆるディープステートだったのです。彼らこそ、共同謀議の実践者でした。人間は自らの思考回路にない概念を創造することはできません。アメリカは彼らが犯した共同謀議の罪を隠蔽《いんぺい》するために、日本に共同謀議の濡れ衣を着せたわけです。

彼らの共同謀議は世界の社会主義化にも向けられています。ニューディール政策はアメリカ国内における社会主義化の実験でした。なかでも特徴的なのは、全国復興庁（ＮＲＡ）

の設立でした。ＮＲＡはアメリカ経済全体を統制する機関だったのです。給与水準や製品価格まで統制したのです。これこそ、社会主義経済そのものでした。

また、連邦緊急救済局（ＦＥＲＡ）の長官にルーズベルト大統領の補佐官のハリー・ホプキンスが任命されたことが、ニューディール政策の本質を一言で説明しています。ホプキンス長官が行ったことは、湯水のごとく資金をばらまくことでした。ルーズベルトのニューディール政策は当然のこととして連邦政府の肥大化をもたらしました。連邦政府の肥大化は連邦政府の権限の増大を招き、必然的に大統領権限の強化に繋がりました。これに反比例して議会の権限が縮小していったのです。

大統領権限強化の大変重要な例は、１９４１年3月に法制化された「武器貸与法」です。この法律は、議会による宣戦布告がなくても大統領権限によって、戦争している第三国に対し、武器等の軍需物資の貸与を可能とするものでした。第三国が侵略国家と戦っており、同国を支援することがアメリカの安全保障に寄与すると大統領が認めれば武器貸与が可能となったのです。

この法律によって、ドイツと戦争しているイギリスに対して、50隻もの駆逐艦を貸与したのです。これは､事実上ドイツとの戦争を意味しました。アメリカ議会議員の多くは「武器貸与法は開戦権限を議会から大統領に移すものである」として、強く反対しました。この法律はまさしく宣戦布告なき参戦への道を開くことになったのです。

このように、議会の権限を制限する動きがなぜ出てきたのかを理解する一つのヒントが、ウィルソン政権時代に国際連盟への加盟が議会の反対（上院で条約批准に必要な3分の2の賛成を得られなかった）で実現しなかったことが挙げられます。ウィルソンの取り巻きの国際主義者にとっては、国際連盟加盟は最優先事項でした。そのことは、ベルサイユ講和会議で国際連盟設立交渉にハウス大佐が陣頭指揮を執ったことからもうかがえます。

アメリカ議会が国際連盟加盟を葬ったことは、国際主義者たちにとって大きな痛手となりました。いかに資金力が豊富とはいえ、アメリカ議会全体を彼らの意向に沿って動かすことはならなかったのです。その苦い経験が大統領権限の強化を目指したとしても、不思議ではないでしょう。

大統領権限の強化、議会権限の縮小は、とりもなおさずルーズベルト大統領側近の権限が強化されたことを、そしてルーズベルト政権のキングメーカーたちの権力が増大したことを意味しました。ルーズベルト政権の下のアメリカは、全体主義的傾向を強めていったのです。

これが、「世界の民主主義を守るためにドイツや日本という全体主義国家と戦った」と言って、アメリカ世論を欺いたルーズベルト政権の正体だったのです。

「側近政治」の危険性

「側近政治」については、アメリカの世界戦略を理解する上で大変重要なことなので、繰り返し説明します。

ウィルソン政権とルーズベルト政権は、いずれも側近政治でした。側近政治とは、大統領の権威と権限を隠れ蓑《みの》にして、議会を無視してブレーンたちが勝手に政策を推し進めることを意味します。議会を無視するとは、選挙民の意向に縛られないということであり、アメリカ国民が何を考えているかにかかわりなく、ブレーンが大統領を動かしたということです。

この手法は、共産主義政権の手法と酷似しています。共産主義国においては、民意は皆無です。ウィルソン大統領時代、およびルーズベルト大統領時代のアメリカは、大統領が共産主義者（社会主義者）のブレーンに取り巻かれており、議会のコントロールが十分に及ばない側近政治が行われていたのです。日米戦争は側近政治のアメリカと切り離して論じることはできません。

側近政治の要諦は側近を誰が選ぶかです。大統領が側近を選ぶのではありません。大統領に送り込んだ勢力が選ぶのです。この点を誤解してはなりません。したがって、側近政治の下にあったルーズベルト政権時代のアメリカの政策は、大統領の発意によるものではなく、側近の助言による政策、正確に言えば「側近を送り込んだ勢力の政策」であったのです。

ルーズベルト大統領に側近を送り込む人事権を握っていたのは、フェリックス・フランクファーターでした。フランクファーターの略歴については、すでに述べましたが、側近政治の鍵を握っていた人物がフランクファーターだったのです。ニューディール政策の要所には、フランクファーターの推薦した人物が充てられたのです。それ故に、私は本書でそれらの側近とその背後にいる国際金融勢力に焦点を充ててきたのです。

カーチス・ドールがルーズベルトは国際金融勢力の代理人であったと指摘している意味を、私たちは重く受け止める必要があります。改めて強調しておきますが、ルーズベルトを動かして日本に戦争を仕掛けたのは、国際金融勢力です。

彼らの世界戦略上、日本はどうしても打倒しなければならない国だったのです。彼らの戦略は共産主義国ソ連を南下させて中国に共産主義政権を樹立することでした。その障害となったのが日本だったのです。日本が蔣介石政権と和睦《わぼく》し、蔣介石政権を強化することになれば、毛沢東の共産党の勝ち目はなくなってしまう。そう考えた国際金融勢力は、毛沢東にも武器援助する一方で蔣介石に対してはあくまで日本と戦うように使嗾《しそう》し続けました。蔣介石を疲弊させ、毛沢東が政権を取るのを可能にするためでした。

先に西安事件に関連して、首謀者だった張学良が2001年に死去した際、江沢民中国国家主席が丁重な弔電を送ったことに触れ、「西安事件を操ったのは共産勢力であった証拠である」と述べました。戦後、日中国交回復以前に訪中した佐々木更三《ささきこうぞう》社会党委員長が毛沢東と会談した際、先の戦争を謝罪した佐々木委員長に対して、毛沢東は、蔣介石と戦ってくれた日本軍のお蔭で共産党政権が実現したとして、日本に感謝した話はあまりにも有名です。しかし現在の私たちは、この逸話さえ忘れてしまっているのです。

ジョージ・マーシャルが中国を共産化した

「中国を共産化することが国際金融勢力の目的であった」と言いましたが、それ故に資本主義国アメリカは共産主義国ソ連と同盟したのです。国際金融勢力がソ連を支援した理由は、ソ連の勢力を東欧やアジアに拡大することでした。

有名な「ヤルタの密約」は、ソ連の東欧における自由行動を認めたのです。また、ソ連の対日参戦の見返りとして、満洲に対する独占的支配権をソ連に与えました。極東に関するヤルタ協定の第一条が、外蒙古の現状は変更しないことだったのです。

つまり、ソ連の衛星国モンゴル人民共和国の存続に異議を唱えないということでした。外蒙古については、中国が領土権を主張していましたが。要するに、これらの規定は九カ国条約違反でした。九カ国条約などアメリカの意向でどうにでも変更できる一つの例として、あえて列挙しました。

私の願いはただ一つ、「日本の九カ国条約違反が先の戦争を招いた」というトラウマから完全に決別することです。メディアも学者も評論家も、九カ国条約違反を日本を貶めるために援用するのは、もうやめようではありませんか。自らの無知をさらけ出すことになるからです。

中国共産化を決定付けたのはジョージ・マーシャル将軍（1880〜1959年）でした。彼が第二次世界大戦後の国共内戦の最中に中国に渡り、有利に戦いを進めていた蒋介石に共産軍に対する停戦を命じて毛沢東軍に勝たせたことについてはすでに触れましたが、より詳しく知りたい方は拙著『国難の正体』を参照してください。

アメリカ（の国際金融勢力）が中国を共産化しなければならなかった理由は、アメリカがヤルタ会談などでスターリンに大幅な譲歩をした理由と同じです。アメリカはスターリンに騙されたのではなく、意図的に過分な戦利品を与えたのです。

最終章

【これからの日米関係】

「グローバリズム」は21世紀の「国際主義」である

以上、アメリカが日本に最初の一撃を討たせるために、執拗にわが国を挑発してきたことを見てきました。その舞台となったのは、満洲であり、中国本土であり、真珠湾でした。改めて強調しておきますが「日米戦争は決して真珠湾攻撃を以て開始されたのではない」ということです。

アメリカは満洲におけるわが国の正統な権益を一切認めず、スティムソン国務長官の不承認主義の下に日本が満洲の権益を手放すように圧力を強める一方でした。そして、ルーズベルトが大統領に就任して以来、中国本土において蔣介石政権にわが国と戦い続けるよう使嗾し続けたのです。

中国がわが国との和平の可能性を完全に放棄したのは1936年の西安事件でした。これ以降、中国各地における抗日運動が激化し、日本人居留民の虐殺事件が相次ぎました。わが国の和平提案は蔣介石政権によってことごとく無視されたのです。蔣介石政権との和平交渉の仲介をアメリカに依頼したこともありましたが、アメリカは応じませんでした……。

アメリカの正体とは?

中国におけるアメリカの対日戦略を一言で言えば、「蔣介石政権との戦闘を続けさせることにより日本を支那事変の泥沼に巻き込み、日本が暴発するよう挑発すること」でした。まさしくマッカラム覚書に従い、日本を経済的、軍事的に挑発してアメリカに対して最初の一撃を討たせる戦略と同じです。アメリカはどうしても日本と戦争がしたかったのです。

このように、史実がアメリカの対日戦争挑発計画に従う日本侵略計画を示しているにもかかわらず、アメリカはどうして歴史の事実を認めることができないのでしょうか。ここに、「アメリカの正体」を解く鍵があります。

アメリカの対日戦争を推進した勢力は、アメリカ国家でもなくアメリカ国民でもなく、ウオール街を中心とする一握りの国際金融勢力でした。国際金融勢力は中国を共産化するために、その最大の障害である日本を軍事的に叩きのめすことがどうしても必要だったのです。アメリカ国内で、対日挑発政策に疑問を唱えた人々は、アメリカ建国の精神を重視する、いわゆる「孤立主義者」でした。

残念なことに、ルーズベルト大統領は国際金融勢力の代理人の側近に固められていました。本書で縷々《るる》述べてきたように、ルーズベルトの対日政策は国際金融勢力、ディープステートの世界戦略を忠実に遂行するものであったのです。

国際金融勢力の対日戦略は彼らの世界戦略の不可分の一体を成すものでした。日本占領計画は彼らの世界戦略の一環であり、「東西冷戦」という彼らが演出したシナリオの中で、日本の役割はアメリカの忠実な同盟国として、今度は共産主義陣営との戦いの最前線に立つことになったのです。わが国が自国の安全保障をアメリカに100パーセント依存せざるを得なかったために、日本の自立を封じ込めるアメリカの戦後戦略は成功を収めました。

このアメリカの戦後戦略こそ、日本が再びアジアの大国として再興することを抑止する、「戦後東アジアレジーム」と呼ばれる体制です。わが国は戦後77年の今日、依然としてこの東アジアレジーム体制下に置かれていますが、本書でこの事情について詳述する余裕はありませんので、興味のある方は拙著『国難の正体』を参照してください。

「日米戦争」はまだ終わっていない

日米戦争は1945年9月2日の日本の「降伏文書調印」を以て公式に終了しました。

ここに、わが国の軍事的敗北が決定づけられましたが、実はわが国は決して精神的にはアメリカに敗北したわけではなかったのです。

アメリカはGHQによる占領行政を通じて、わが国を精神的にも敗北させるべく、種々の「民主主義的改革」を強要しました。憲法の押し付けはその最たるものですし、民法その他の法体系や教育に介入して、アメリカ型の、ということは国際主義的な国内制度を樹立するべく努めました。

メディアが主要なターゲットとなったことは、想像に難くありません。日本人に先の戦争の〝罪意識〟を植えつける「ウオーギルト・インフォメーション・プログラム（WGIP）」が連日ラジオや新聞で宣伝され、日本人を洗脳しました。これらのGHQ洗脳工作については、すでにすぐれた研究書（江藤淳『閉された言語空間』文藝春秋）が出ていますので、ぜひ参照していただきたく思います。

ところで、読者の皆様にはここで考えてほしいのです。アメリカが慈悲から日本をよくしてやろうと思って占領工作を行ったのではありません。日本人を洗脳することが日本に戦争を仕掛けたアメリカの国際主義者にとって必要だったのです。日本は戦争に敗北しました。そんな日本人を完膚《かんぷ》なきまでに洗脳することが、なぜ彼らにとって必要だったのでしょうか。

その答えは、彼らは精神的に日本に勝利できなかったことです。したがって、精神的に勝利するために、彼らは日本人を国際主義者に改造しようと努めたのです。

国際主義が持つ精神面の要素とは、国家の価値よりも世界の価値、すなわち「彼らが設定した普遍的価値」を上に置くという思想です。日本人は人類の普遍的価値の重要性は十分認識していると言えるでしょう。しかし、日本人固有の価値観を完全に失うことはなかったのです。むしろ、最近では日本の伝統的価値観が見直されている状況にあると言えます。

これは、ひとえに日本国民の民度が高かったからだと思います。いくらメディアや知識人が「国際主義」の笛を吹いても、多くの日本国民は踊らなかったのです。

「日本を国際主義化せよ！」

占領政策の目的はわが国を国際主義国家に改造することでした。このことを、ブレジンスキーは見事に説明しています。彼によれば、戦後のアメリカ国際主義者の目的は、「日本を二度と地域大国（リージョナル・パワー）にしない」ということでした（『The Grand Chessboard』）。

リージョナル・パワーにしないということは（パワーは国家のことでもありますから）、独立国家として認めないということです。日本が国際主義的な存在として、専ら世界の福利向上のために貢献するように求めました。「日本はパワーになることを否定し、インターナショナルな存在であれ」と求めたのです。

もうおわかりのように、インターナショナルな存在とは独立国家のことではありません。「日本は自国民の利益より国際社会の利益を優先せよ」というのが彼ら国際主義者の対日政策です。

彼らの対日観には十分注意する必要があります。彼らは、わが国に対して日本の富を日本人のために使用することすら認めていないのです。先に本文で、アマンド・ハマーのルーズベルト評を引用しました。ルーズベルトはアメリカ国民の富をアメリカとともに世界にも裨益《ひえき》させるという発想の持ち主であって、この哲学がニューディール計画の背景となっていると持ち上げました。これからもわかるように、アメリカの場合は、まだアメリカの国益に配慮することがなにがしか認められていたのです。

しかし、彼らは日本に対しては「日本が世界で生き残るためには、専ら世界に貢献せよ」と求めているのです。このブレジンスキーの言葉は、国際主義とは何であるかを端的に表現していることに気づかれたでしょうか。

日本占領計画はかなりの程度日本社会を「国際主義化」、つまり「社会主義化」することに成功しました。しかし、冷戦時代に一時的に社会主義化のテンポが揺るいだこともあって、冷戦終了時には「冷戦の真の勝利者は日本だ」と言われるくらいに、わが国は発展を遂げました。したがって、冷戦後、日本は改めてアメリカの国際主義化政策のターゲットとなったわけです。

特に、経済分野では「グローバル市場化」と言ったほうがピンとくるかもしれません。日米構造協議（対日年次改革要望書）は、日本グローバル市場化工作の具体化でした。この工作は現在に至るも続けられています。それは、「TPP（環太平洋戦略的経済連携協定）」です。

トランプの拒絶により、TPPは一応アメリカ抜きで発足しました。バイデン政権は加入を目指していますが、私たちはTPPとはアメリカの世界グローバル市場化戦略、すなわち世界社会主義化戦略の一環であることに注意する必要があります。

グローバリズムの淵源は「門戸開放主義」

アメリカがなぜ第二次世界大戦後に国際主義化戦略を強化したかは、すでに大戦中に外交問題評議会（CFR）が大戦後のアメリカの世界戦略に関してルーズベルト大統領に提出した「アメリカの世紀プロジェクト」と題された報告書の提言で明らかです。

アメリカの世紀プロジェクトは、ロックフェラー財団の資金援助によって行われました。この報告書の骨子を一言で言うと、「アメリカ企業のために世界の市場を開放させる」です。アメリカ企業が世界のどの地域でも機会均等を享受できることを目指す世界市場の開放政策なのです。

読者の皆様はもうお気づきになったと思いますが、このプロジェクトは1899年にジョン・ヘイ国務長官が唱えた「門戸開放主義」を焼き直したものです。当時の「門戸開放主義」とは、中国における通商上の機会均等を唱えたものです。

そこで言う機会均等は、もともとはわが国を含む列強の中国における既得権益の尊重を前提とするものでしたが、やがて列強の既存の権益、とりわけ日本の権益に対してアメリカが干渉するようになったのです。

このようなアメリカの対日態度が日米戦争の遠因になったことは、すでに述べた通りです。「門戸開放主義」とは「国際干渉主義」の言い換えであり、アメリカの国際主義イデオロギーの具体化であったのです。

「門戸開放主義」が唱えられて以来、20世紀以降のアメリカの世界戦略は一貫しています。つまり、「フロンティアの地理的拡大」です。「アメリカの影響圏の拡大」と言ってもよいでしょう。さらに言えば、「アメリカの生存圏の拡大」でもあり、その対象は地球全体に及んでいるのです。

そして特徴的なのは、アメリカの影響力、生存圏を〝企業活動〟によって達成しようとすることです。これが、「アメリカの企業のために世界の市場を開放させる」というグローバリズムの正体です。先に述べた、日米構造協議もTPPもその淵源《えんげん》は門戸開放主義なのです。

しかし、私たちが注意しなければならないことは、門戸開放とはアメリカ企業の利益のための世界の市場開放であって、アメリカがすでに既得権益を持っている世界各地の市場（例えばラテンアメリカ）を他国企業の機会均等のために開放することではないという点です。言い換えれば、アメリカ企業が均等な機会を与えられていないとアメリカ（ということはアメリカの大企業）が判断すれば、アメリカ政府はいつでも、どの国に対しても市場開放を求めて内政に干渉できるのです。

この辺りのアメリカの本音を、ブレジンスキーは的確に言い当てています。つまり、「グローバリズムは歴史の法則であるので、アメリカは市場のグローバル化が不十分な国に対して干渉することが正当化される」というのです（『THE CHOICE』）。かつて、共産主義者が「共産主義は歴史の必然であるので、共産主義化のために各国に干渉できる」とした〝世界共産化計画〟と同じ論理です。

ソ連共産主義国家がもろくも崩壊したことによって、共産主義を歴史の進歩として正当化する根拠は崩れました。それにもかかわらず、グローバリズムが歴史の必然であるとして世界グローバル市場化のために干渉できると唱え続けている国際主義者とは、一体歴史を本当に学んでいるのでしょうか。私たちは、グローバル市場化は決して歴史の進歩の証明ではないことを改めて記憶する必要があります。

「国際主義」VS「民族主義」

ここで改めて「国際主義」について整理しておきたいと思います。国際主義には様々な形があります。「共産主義」「社会主義」「リベラル思想」「ネオコン」「新自由主義（リバタリアニズム）」……。これらの共通項は、国家の価値や民族の価値、すなわちナショナリズムの否定であり、ナショナリズムを消滅させて世界を統一すること、つまり、世界政府を樹立することです。国際主義のいずれのイデオロギーも、世界政府を樹立することが最終目的なのです。この点を改めて強調しておきたいと思います。

この中では、特に「リベラル思想がなぜ世界政府と結びつくのか」との疑問を持たれた読者も少なくないと思います。リベラル思想とは一般には「自由主義」などと訳されることがありますが、これ自体が一種の洗脳なのです。

リベラリストは、国家を軽視する傾向にあります。国民よりも、市民なのです。市民は、伝統的価値とは無縁です。市民的価値のために地域社会を越えて連帯するのです。彼らは伝統社会の連帯意識が希薄であるので、市民的価値を創造して伝統的な絆《きずな》に縛られない連帯を求めているのです。論理の必然として、既存の社会秩序を否定する方向に流れてしまいます。

このような思考が結局国家否定に向かうのは避けられないことなのです。リベラルであることは知識人の証明のように誤解されていますが、リベラル思想の持つ陥穽に注意しておく必要があります。

本書で縷々見てきたように、現在のアメリカの指導原理は、国際主義です。社会主義（共産主義）、リベラリズム、ネオコン、新自由主義など、そのときどきによって表に出てくるイデオロギーの呼称は変わりますが、根底にあるのは国際主義であり、世界の門戸を開放させて世界統一政府を建設することなのです。

その意味で、アメリカこそ世界の現状変革勢力、つまり〝左翼勢力〟です。この点を決して誤解してはなりません。アメリカは民主主義の砦でもなく、自由主義の伝道国でもありません。「世界政府」を目指す、「既存秩序破壊国家」なのです。

アメリカ（政府を牛耳る国際主義者）の敵は、ナショナリズムです。そして彼らは、ナショナリズムの強い国を締めつけようとします。序章で述べたように、この戦略の下にウクライナ危機に伴うプーチン大統領のロシアに対する制裁政策がありました。

アメリカがプーチン大統領がクリミアを併合したことに対して、解決へ向けての仲介努力を一切行うことなく、対露制裁を強化し続けたことは、満洲事変以降のアメリカの対日締めつけ政策を彷彿させるものがあります。そして、ついにプーチンはかつての日本と同じように、堪忍袋の緒が切れて、ウクライナに進攻してしまいました。

本書で述べましたように、当時、アメリカは日本の言い分に一切耳を傾けませんでした。結局このようなアメリカの頑《かたく》なな態度が、真珠湾攻撃に繋がったのでした。

この歴史の故事から連想すると、もし今後ともアメリカが一方的にロシア締めつけを強化していけば、米露の全面戦争になる危険性を排除することができないのです（なぜアメリカがロシアを一方的に締めつけているかの背景については、詳述する紙幅がありませんので拙著『世界を操る支配者の正体』〈講談社〉を参照してください）。

ロシアのプーチン大統領はロシア愛国者であり、ロシア市場のグローバル化に反対しています。だから、アメリカのグローバリストたちがウクライナ危機を裏から演出し、プーチン追い落としを図っているのです。

「グローバリズム」と「ナショナリズム」の両立は可能か

このように、現在の世界はグローバリズム対ナショナリズムの対決の最中《さなか》にあるのです。そこで、今私たちが考えるべきことは、グローバリズムとの対決ではなく、グローバリズムとナショナリズムをどう両立させるかでなければなりません。グローバリズムという国際主義は、先にも述べたようにユダヤ思想です。どのようにして両立を達成すればよいかのヒントが、実はユダヤ社会の世界戦略の中に見出せるのです。彼らはすでにグローバリズムとナショナリズムの両立を実践しているからです。

その仕組みはこうです。イスラエルというユダヤ国家は「ナショナリズム（民族主義）」の具現化であり、世界各国に散らばって住んでいるユダヤ人（彼らをディアスポラ・ユダヤ人と言います）は「グローバリズム（普遍主義）」の象徴であるわけです。

ユダヤ教の経典の聖書には、民族主義を唱えた預言者と普遍主義を主張した預言者が、交互に現れてきます。要するに、ユダヤ思想にとって民族主義と普遍主義は一体不可分なのです（マックス・ディモント『ユダヤ人の歴史─世界史の潮流のなかで』ミルトス）。

ここで問題は、彼らユダヤ勢力が「民族主義と普遍主義との両立が認められるのは、自分たちユダヤ人のみ」と考えていることです。彼らは、非ユダヤ社会には民族主義を決して認めようとしないのです。それは「非ユダヤ社会は歴史上ユダヤ人を差別迫害してきたから」という理屈です。

民族主義はユダヤ人を迫害する危険が常にあるので、彼らはユダヤ人の生存を確保するために、非ユダヤ人がグローバリズムという普遍主義のみに従って生きるよう工作しています。もし、彼らが非ユダヤ社会にもグローバリズムとナショナリズムの両立を認めることができていたならば、第一次世界大戦も第二次世界大戦も起こらなかったでしょう。さらに、現在の数多くの民族紛争も起こらなかったと言うことができます。この両立を、非ユダヤ人に認めることはできないのでしょうか。

私たちは自らの国家を大切にしても、そのこと自体は他国や他民族の排除には繋がらないはずです。むしろ、自国を大切にする心情があって初めて、他国に正当な関心を持つことができるのではないかと思います。現在のグローバル化が進行しつつある世界においては、民族主義に執着すれば国家が生存することができないことは明白です。

しかし、同時にグローバルな交流の拡大によって、各国民の福利を向上させるためには、民族的な価値の役割が不可欠であることを忘れてはなりません。なぜなら、各民族文化が国境を越えた交流を通じて互いに啓発し合うことによって、世界全体の文化水準が向上し、その恩恵を世界が享受することになるからです。

つまり、世界のすべての国がユダヤ思想の世界観と同様に、「各々の国家を持ち、自国への帰属意識を維持しながら、各国と自由で活発な交流に勤《いそ》しむ」という世界観を共有することです。このような世界観の共有によって、民族主義と普遍主義の両立を実現することができるのではないでしょうか。そう考えれば、民族主義と普遍主義の両立は、人類に普遍的な価値であると言うことができるのです。

本書で縷々検証してきたように、グローバリズムという国際主義思想は国際金融勢力に有利な思想でした。過去2000年にわたり祖国を持たないで国際社会の中で生き抜くために、彼らは自分たちに有利なさまざまな国際的な仕組みを発明してきました。現在の世界は、彼らの発明になる仕組みの恩恵を受けていることは確かです。

問題は「それらの国際的仕組みが実はユダヤ思想の具現化である」ということに、私たちの多くが気づいていないことです。あたかも、グローバリズムが歴史の必然の流れであるかのように錯覚して、グローバル化に適応することばかりに忙殺されているきらいがあります。

現在の国際的な仕組みの多くが実はユダヤ思想の具体化であると指摘することは、決して陰謀論でも反ユダヤ主義でもありません。ユダヤ思想の実際を知ることによって初めて、私たちはユダヤ思想との「本当の共存の在り方」を探求することが可能になるのではないでしょうか。

あらゆる民族がその特性を維持しながら共存することこそ、人類が多年にわたり求めてきた普遍的価値であり、これこそ〝真の国際主義〟であると言えるのです。

本書は、２０１５年にＫＫベストセラーズから刊行した『アメリカの社会主義者が日米戦争を仕組んだ「日米近現代史」から戦争と革命の20世紀を総括する』を改題し、加筆をしたものです。

馬渕 睦夫（まぶち・むつお）
1946年、京都府生まれ。京都大学法学部３年在学中に外務公務員採用上級試験に合格し、68年、外務省入省。71年、研修先のイギリス・ケンブリッジ大学経済学部卒業。2000年、駐キューバ大使、05年、駐ウクライナ兼モルドバ大使を経て、08年に外務省退官。同年防衛大学校教授に就任し、11年、退職。『馬渕睦夫が読み解く2022年世界の真実』『ディープステート 世界を操るのは誰か』（ワック）、『道標 日本人として生きる』（ワニブックス）、『知ってはいけない現代史の正体』（SBクリエイティブ）、『日本を蝕む 新・共産主義 ポリティカル・コレクトネスの欺瞞を見破る精神再武装』（徳間書店）など著書多数。

ウクライナ紛争《ふんそう》
歴史《れきし》は繰《く》り返《かえ》す
戦争《せんそう》と革命《かくめい》を仕組《しく》んだのは誰《だれ》だ

2022年５月３日　初版発行
2022年５月８日　第２刷

著　者　馬渕 睦夫

発行者　鈴木 隆一

発行所　ワック株式会社
東京都千代田区五番町 4-5　五番町コスモビル　〒 102-0076
電話　03-5226-7622
http://web-wac.co.jp/

印刷製本　大日本印刷株式会社

ISBN978-4-89831-865-2